1 MONTH OF
FREE
READING

at
www.ForgottenBooks.com

By purchasing this book you are eligible for one month membership to ForgottenBooks.com, giving you unlimited access to our entire collection of over 1,000,000 titles via our web site and mobile apps.

To claim your free month visit:
www.forgottenbooks.com/free384925

* Offer is valid for 45 days from date of purchase. Terms and conditions apply.

ISBN 978-0-428-31913-7
PIBN 10384925

This book is a reproduction of an important historical work. Forgotten Books uses state-of-the-art technology to digitally reconstruct the work, preserving the original format whilst repairing imperfections present in the aged copy. In rare cases, an imperfection in the original, such as a blemish or missing page, may be replicated in our edition. We do, however, repair the vast majority of imperfections successfully; any imperfections that remain are intentionally left to preserve the state of such historical works.

Forgotten Books is a registered trademark of FB &c Ltd.
Copyright © 2018 FB &c Ltd.
FB &c Ltd, Dalton House, 60 Windsor Avenue, London, SW19 2RR.
Company number 08720141. Registered in England and Wales.

For support please visit www.forgottenbooks.com

"LES SAINTS"

St Jean-Baptiste de la Salle

(1651-1719)

par

A. DELAIRE

Secrétaire général de la Société d'Économie sociale.

DEUXIÈME ÉDITION

PARIS
LIBRAIRIE VICTOR LECOFFRE
RUE BONAPARTE, 90

1900

LA
2377
.L3
D33

PRÉFACE

Le siècle finissant, enfiévré de travail et assoiffé de richesses, ressemble à une énorme usine dont l'activité est dévorante et le tapage assourdissant. Ceux qui n'en sont point étourdis aiment à échapper un instant à son tourbillon pour regarder passer la vie et réveiller les échos endormis d'autrefois. Feuilleter, par exemple, tant de mémoires attachants du grand siècle, n'est-ce pas en interroger les témoins et leur faire redire ce qui a rempli leur esprit et leur cœur, ce qui a usé leur volonté et leur force ? Qui n'a lu et relu Mme de Sévigné, et toujours avec un charme exquis ? Quoi de plus captivant que les peintures de Saint-Simon, avec ses croquis d'un si vigoureux crayon et ses « instantanés » de Versailles ou de Marly ? Et pourtant que reste-t-il de tout ce qui les passionna ! La comédie humaine provoque toujours l'émotion ou le rire, parce qu'en tout elle met en jeu les mêmes ressorts ; mais le décor a changé, la scène n'est plus la même. Que sont pour nous ces jolis riens en dehors de leur spirituelle expression, et que nous importe de décider qui a droit de s'asseoir sur un tabouret ou de traverser en biais la grand'chambre? Comme leurs rôles, les acteurs eux-mêmes ont disparu du souvenir : la foule les ignore, les curieux seuls les retrouvent, et, de plus en plus, l'oubli nivellera leurs tombes. Travailleurs éphémères, ils ont tour à tour tissé un peu d'histoire, mais ce qui survit de leur époque, c'est surtout ce qu'ils n'ont pas su regarder : Vincent de Paul et les Filles de la Charité, Olier et la Compagnie de Saint-Sulpice, J.-B. de la Salle et les Frères des Écoles chrétiennes. Ceux qui étaient brillants ont eu pour souci principal de servir le monde et de gagner ses faveurs; et le monde ingrat ne se souvient même plus de leurs noms. Les autres ont renoncé à tout pour aller à Dieu dans ses pauvres par le sacrifice et par le devoir; ils n'ont voulu servir que le Père qui règne dans les cieux et les humbles qui souffrent sur la terre : ils ont été bénis et les générations reconnaissantes honorent leur mémoire à genoux. « Les choses visibles, dit l'Apôtre, ne sont que pour un temps, mais les invisibles dureront éternellement. »

Au milieu d'une foule plus que jamais éprise des intérêts matériels, sans cesse rabaissée à la mesure de ses vulgaires profits, désaccoutumée du repos et du silence, quoi de plus salutaire que de suivre pas à pas, dans leur modeste carrière, ces existences détachées de la terre et tournées vers le ciel ? N'est-ce pas dans un commerce intime avec les âmes d'élite qu'on doit chercher ce repos intellectuel et moral qui nous manque, où l'âme se recueille et se retrempe à sa source divine, où elle reprend une énergie nouvelle pour les luttes de chaque jour ?

Et puisque l'Église vient de placer sur les autels un de ces humbles qui se sont sacrifiés eux-mêmes pour se consacrer au bien des autres, cherchons à réparer nos forces et à raviver notre courage au contact de l'activité que l'amour de Dieu a fait rayonner dans sa vie. Aussi bien, Jean-Baptiste de la Salle s'est voué au plus nécessaire des apostolats. Obéissant à l'appel de la Providence et pressentant confusément la poussée des générations, il a entraîné ses disciples en leur criant pour mot d'ordre : *Instruisons le peuple!* Et ceux qui se tournent avec le plus d'espérance ou d'anxiété vers l'avenir doivent souvent redire à notre siècle si engoué de ses progrès : « Sans ce mot-là, que serais-tu ? »

Les éléments du récit qui va suivre sont surtout empruntés à trois biographes contemporains de J.-B. de la Salle : le Frère Bernard, qui écrivait au lendemain de la mort du saint et d'après un grand nombre de lettres et de notes adressées au supérieur général de l'Institut; dom Élie Maillefer, bénédictin, qui retraça la vie de son oncle un ou deux ans plus tard ; enfin le chanoine Blain, ami dévoué de J.-B. de la Salle, qui, en se servant des deux manuscrits précédents, donna en 1733 une *Vie* pleine de détails édifiants ; elle fut plusieurs fois réimprimée et demeure la véritable source où tous, depuis lors, ont puisé.

Les écrits que J.-B. de la Salle a laissés conservent vivants pour nous son esprit et son cœur. Ce sont à la fois des livres d'édification et des traités de pédagogie. Plusieurs ont servi à l'enseignement. La plupart ont été souvent réimprimés et plus ou moins modifiés. Ce sont principalement : *La Conduite des écoles*, *les Règles de la bienséance et de la civilité chrétiennes*, *les Devoirs du chrétien*, *Recueil de différents petits traités*, *Méditations pour le temps de la retraite*, *Méditations pour les dimanches*, *Règles communes*, *Règles de gouvernement*, etc.

Par un sentiment de modestie profonde, le saint a sans doute fait détruire la plus grande partie de ses papiers et de ses lettres ; on possède donc peu de chose en dehors de ce que ses premiers biographes ont recueilli, environ une centaine de lettres dont les deux tiers seulement en originaux. Le Frère Lucard, directeur de l'École normale de Rouen, avait rassemblé de très nombreux documents qu'il a publiés en deux forts volumes. Armand Ravelet a tracé aussi une *Vie* qui est surtout un très bon livre de vulgarisation, et dont une édition illustrée a été enrichie d'une belle préface de Mgr d'Hulst. Enfin les archives de la maison-mère et celles de Saint-Sulpice, les archives nationales et celles de Reims, de Rouen, etc., contiennent une foule de pièces relatives à l'Institut comme aux diverses écoles fondées de tous côtés.

Toutefois l'œuvre capitale est l'*Histoire de Saint Jean-Baptiste de la Salle* que vient de publier M. l'abbé Guibert, supérieur du séminaire de l'Institut catholique de Paris. Le savant auteur a surtout suivi Blain, mais en remontant toujours aux sources, en compulsant les documents et en discutant les interprétations. Il a écrit ainsi un livre définitif qu'il dédie « comme un hommage de la Compagnie de Saint-Sulpice au plus glorieux de ses élèves ». Une bienveillante communication dont nous le remercions respectueusement, nous a permis de profiter de ses recherches avant même que les résultats en fussent publiés, et ses précieux conseils nous ont été utiles entre tous.

Nous nous sommes efforcé, conformément au plan si bien tracé pour la collection des *Saints*, de saisir dans ses caractères essentiels le milieu social où a vécu Jean-Baptiste de la Salle ; de montrer par quel providentiel pressentiment il a deviné les besoins de l'avenir et ouvert la voie aux progrès de l'enseignement ; de raconter au prix de quelles épreuves il a fondé, par la souffrance et le renoncement, l'Institut des Frères pour l'éducation chrétienne du peuple ; de redire, enfin, par quelles vertus d'humilité et de sacrifice cette vie de labeur fécond a mérité l'immortelle couronne de la sainteté.

SAINT J.-B. DE LA SALLE

CHAPITRE PREMIER

LA SOCIÉTÉ FRANÇAISE AU XVIIe SIÈCLE. — LA FAMILLE DE LA SALLE

(1651)

A Reims, non loin de la place du Marché, il est encore aux n°s 4 et 6 de la rue de l'Arbalète, autrefois la rue de la Chanvrerie, une maison dont la porte est encadrée de cariatides et montre la date de 1545. Elle n'offre, au-dessus du rez-de-chaussée, qu'un étage et des lucarnes, mais des frises élégantes et des pilastres cannelés en décorent la façade, ornée en outre d'une de ces petites niches couronnées d'un dais sculpté que comporte le style architectural de la Renaissance. Dans l'angle intérieur de la cour, un escalier tournant monte dans une tourelle ajourée. C'est l'hôtel de la Cloche, et une plaque commémorative rappelle que là — selon toute vraisemblance — est né Jean-Baptiste de la Salle, le 30 avril 1651.

Les premiers mois de l'année avaient été marqués par un court répit dans les troubles de la Fronde. On était alors en effet au lendemain de la délivrance des princes, à la veille de la majorité du roi, pendant l'exil apparent de Mazarin et l'éphémère faveur de Condé. Celui dont le *Grand Cyrus* continuait à chanter les exploits était partout fêté avec fracas et semblait tout-puissant; mais, sans cesse entouré d'intrigues, il était en butte à mille attaques sournoises; néanmoins personne ne prévoyait que quelques mois plus tard le héros de Rocroi, poussé à bout, s'unirait aux Espagnols et rendrait plus douloureuses les dernières crises des luttes civiles.

Depuis quelques années déjà les misères de la guerre, les exactions des chefs, les violences des soldats, les rapines des intendants, le pillage des blés, la famine et la ruine, surtout le désordre et l'anarchie accumulaient leurs souffrances en beaucoup de provinces du royaume, en Normandie comme en Dauphiné, à Angers ou à Lyon, en Provence et aussi en Guienne. Les longs souvenirs, qui en ont persisté dans la mémoire populaire, suffiraient à prouver l'acuité des maux qu'attestent d'ailleurs tant de témoignages contemporains. La Champagne, entre les Pays-Bas et Paris, avait, plus encore que d'autres peut-être, un sort lamentable. Reims, pour ne pas subir une garnison de l'armée des princes, dut payer un subside énorme. Les troupes du roi étaient d'ailleurs aussi cruelles, et les deux partis vivaient comme en pays de conquête. « Tout ce qui résistait à ces barbares était impitoyablement saccagé; Auxonne fut, pour ce motif, presque entièrement brûlé; à Reims, on n'était occupé qu'à ouvrir les portes aux gens de la campagne qui, de tous côtés, s'y réfugiaient avec leurs bestiaux.... » « Les laboureurs s'attroupaient pour aller à la charrue en armes et en bon nombre, pendant que certains d'entre eux allaient à la découverte et avertissaient les autres par des signaux. » C'est à travers ces malheureuses provinces que l'armée de d'Erlach, indisciplinée et sans solde, multiplie ses déprédations et ses crimes : « Les villes sont remplies de malheureux fugitifs qui encombrent les rues et couchent sous les hangars ou les auvents avec leurs troupeaux, exposés à toutes les intempéries de la saison; Reims, Corbie, Saint-Quentin, Péronne en regorgent. Les châteaux ne sont pas plus épargnés que les chaumières; celui de Saint-Lambert, qui appartient à M. de Joyeuse, est pillé, et tous les habitants sont massacrés[1]. » « La misère, dit de son côté un président de la Cour des aides, est si extrême, si générale qu'il la faut diminuer pour la rendre croyable à ceux qui ne la voient pas.... Il n'y a plus personne qui ne souffre et qui ne sente leur fort des calamités publiques, que ce peu de gens qui les ont causées et qui en ont profité aux dépens des autres[2]. » Les souffrances s'aggravaient encore par leur durée même, à l'époque où nous

---

1. Ces textes du temps et bien d'autres sont cités dans l'ouvrage de M. A. Feillet: *La Misère au temps de la Fronde et de saint Vincent de Paul*. On peut puiser dans ce livre bien des faits et des témoignages intéressants, sans souscrire à toutes les conclusions de l'auteur.

2. Amelot, *Remontrance* (bibliothèque Sainte-Geneviève, X, 530).

reporte ce récit, pendant la seconde Fronde, alors que Condé manœuvrait contre Reims et Rethel. « J'étais allé, écrivait saint Vincent de Paul, en janvier 1653, chez Mlle Legras faire une petite conférence à ses filles, lorsque Mme la duchesse d'Aiguillon et la présidente de Herse m'ont envoyé quérir chez une d'elles où je suis pour aviser aux moyens de secourir la Champagne où sont les armées, qui la réduisent en un pitoyable état[1]. »

Quelque lugubres que fussent de telles scènes de désolation, ce n'étaient, après tout, que les suites momentanées des troubles anarchiques de la régence. Désordres et douleurs s'atténuent pour disparaître bientôt dès que le royaume, après la prise de Bordeaux, retrouve à sa tête une autorité obéie et à tous les degrés une administration régulière. L'impression durable, que les esprits ont gardée de ces calamités, montre bien ce qu'elles eurent à la fois de terrible et d'exceptionnel. Le recul du temps

1. Voir dans l'attachant volume consacré à *Saint Vincent de Paul* par M. Emmanuel de Broglie dans la collection des *Saints*, le chapitre intitulé : Vincent de Paul pendant la Fronde : « Aidé des Sœurs de charité, plus éprouvées que personne par les malheurs publics qui les privaient de leurs ressources habituelles et augmentaient leurs charges, Vincent de Paul et les Pères de la Mission firent de vrais miracles de charité durant les troubles de la Fronde. Comme nous l'avons dit plus haut avec autant de détail et de précision qu'en comporte cette étude, c'est alors qu'il fit passer en Picardie et en Champagne, les deux provinces qui souffraient le plus de la guerre et étaient pillées successivement par les armées des deux partis, des secours de toute nature, argent, vivres, semences, vêtements. Ces envois se montèrent, pendant près d'un an, à quinze mille livres par mois, somme énorme pour l'époque. »

les fait apparaître en quelque sorte comme un mal superficiel, un accident passager, qui n'affectait d'ailleurs que les intérêts matériels et n'atteignait pas à ses sources profondes la grandeur de la race. La prospérité d'un peuple, on ne saurait l'oublier, dépend en partie, il est vrai, des conditions économiques qu'il subit et des institutions publiques qui le régissent; mais elle puise toujours ses éléments essentiels dans l'ordre moral. Or la première moitié du xvii⁰ siècle fut, précisément, une des époques mémorables où les idées et les mœurs accomplirent une profonde réforme morale et s'élevèrent à un haut degré de perfection, grâce à la force des croyances religieuses et à l'émulation des communions chrétiennes. C'est par là que le grand siècle a mérité l'admiration des contemporains et retenu la nôtre. Fort justement on a même pu dire que nous n'en sommes pas assez fiers[1].

Pour conduire les âmes, la religion s'impose aux peuples par la grâce, la foi et la tradition. Mais ils n'y peuvent rester attachés qu'autant qu'elle justifie son empire et attire le respect, à la fois par le caractère élevé des ministres qui l'enseignent et par le progrès moral et matériel des fidèles qui la pratiquent. A l'avènement de Henri IV, la France, dévastée par la guerre civile, dégradée par la corruption venue d'Italie, semblait avoir perdu tout ensemble le sens moral avec le bien-être, et elle paraissait invinciblement poussée au scepticisme

---

[1]. Discours de M. Ferdinand Brunetière au pensionnat des Frères de Passy pour la fête annuelle du Cercle des Francs-Bourgeois, 11 mars 1900.

par les scandales des deux partis. Mais les masses profondes de la race n'étaient point alors détachées de leurs traditions. Le roi, après avoir, par force et par adresse, ramené la paix, put préparer le retour aux principes du christianisme. Jamais peut-être la royauté paternelle et tutélaire ne se montra si rapidement bienfaisante pour guérir l'anarchie, calmer l'antagonisme social et imprimer aux esprits une direction féconde. D'abord, le roi s'entoure des hommes qui se distinguent le plus par leurs vertus privées, chez les protestants comme chez les catholiques : Cheverny, Crillon, Duvair, de Harlay, Jeannin, d'Ossat, Pasquier, de Thou, Villeroy, et aussi d'Aubigné, La Force, Hurault du Fay, La Noue, du Plessis-Mornay, Sully. Puis, par l'Édit de Nantes, il établit le premier, dans un grand État catholique, la liberté des dissidents, et, par l'émulation salutaire des deux cultes rivaux, il remet en honneur l'observation du décalogue.

La réforme intellectuelle et morale commencée par le père fut continuée par le fils : après l'Édit de Nantes (1598), l'Édit de Grâce (1629). En outre, Louis XIII, plus qu'aucun autre souverain, donna l'exemple précoce du respect de la loi morale. Témoignant en toute occasion son mépris pour la corruption cynique des Valois, il s'efforçait d'imposer à sa cour des mœurs contraires. Le chaste amant d'Angélique de Lafayette et de Marie de Hautefort encouragea ainsi les efforts que faisaient, pour ennoblir la société française, les femmes éminentes qui, par la grâce, l'esprit et la vertu, gouvernaient les hôtels de Rambouillet, de Longueville, de Condé et de La Rochefoucault. « Sous le règne de Louis XIII, dit un profond observaleur, ainsi qu'aux précédentes périodes de prospérité, les croyances religieuses furent le vrai mobile de tous les progrès. Cette vérité eut alors un caractère particulier d'évidence, car la réforme fut presque instantanée, et il fut plus facile que jamais de rattacher à la cause première les grands résultats qui se produisirent simultanément vers le milieu du XVIIe siècle[1] ». Les protestants, devançant les catholiques, fondent leur influence avec d'étonnants succès sur l'agriculture, l'industrie manufacturière et les autres arts usuels. La discussion pacifique des principes et des dogmes se montre surtout féconde chez les catholiques, et suscite parmi eux une admirable floraison de talents et de vertus : François de Sales, Vincent de Paul, Jeanne de Chantal, Olier, de Rancé, Bossuet. L'Église de France retrouve l'éclat et la sainteté comme aux temps de saint Louis et de saint Thomas d'Aquin. La charité chrétienne se penche plus que jamais vers les humbles, afin d'aller à Dieu dans ses pauvres; des congrégations, nouvelles par leur esprit et leurs règles, naissent de tous côtés, associant ingénieusement les efforts de la société laïque à ceux des pieuses communautés pour le soulagement des misères humaines et l'éducation des enfants pauvres. A l'extérieur, la politique d'Henri IV et de Louis XIII, de Richelieu et de Mazarin, s'affirme en défendant les mêmes principes : la liberté religieuse et l'indépendance des petites nations. A l'intérieur, le génie de deux rois, servis par de grands ministres qu'ils maintiennent au pouvoir,

---

1. Le Play, l'*Organisation du travail*, § 16. La réforme sous les deux premiers Bourbons.

a conjuré les périls de l'esprit de division qui tue les peuples les plus forts, et fait régner, à la place d'admirables rapports sociaux, la haine et l'anarchie. Ainsi les sciences et les lettres purent atteindre une perfection inattendue avec Gassendi, Fermat, Pascal, Descartes, avec Malherbe, Corneille, La Fontaine, Molière, Racine, Arnault, Nicole, etc.

C'est alors que, dans toute l'Europe, les classes dirigeantes, dominées par un juste sentiment d'admiration, adoptèrent la langue, les idées et les mœurs de notre patrie. « Rappelez-vous, dit Joseph de Maistre, le grand siècle de la France. Alors la religion, la valeur et la science s'étant mises pour ainsi dire en équilibre, il en résulta ce beau caractère que tous les peuples saluèrent, par une acclamation unanime, comme le modèle du caractère européen [1] ».

Dans ce milieu moral, dans cette atmosphère salubre vont se former et agir les générations qui, nées pendant les maux de la Fronde, ont vu tant de pleurs autour de leurs berceaux. Maintenant que nous avons d'un coup d'œil rapide envisagé ce qu'était la société française au xviie siècle, pénétrons au foyer de la famille de la Salle.

L'Hôtel de la Cloche, d'allure bourgeoise et d'aspect opulent, avait été acheté en 1609 par François de la Salle. Sur les origines de sa race on a de belles légendes dont la tradition demeure encore incertaine. Elles la rattacheraient à un héros catalan du ixe siècle,

---

1. *Les Soirées de Saint-Pétersbourg*, t. II, p. 23 (Paris, 1831).

Johan Salla. Un siècle plus tard, les Salla gouvernaient Urgel ; ils lui donnèrent plusieurs évêques, et leurs fils participèrent à la première croisade. Répandus du Roussillon au Béarn, ils guerroyaient fort, et Froissart parle des exploits de Bernard de la Salle, « Bernardon le subtil escheleur », qui suivit Du Guesclin, et combattit aussi pour les papes, à Rome et à Avignon. Il fut la tige des de la Salle d'Auvergne, tandis que son frère, Hortingo, serait venu jusqu'en Champagne[1]. Ce qui est certain, c'est que la famille de la Salle ou du moins sa branche de Champagne sortit, en effet, du Béarn au xive siècle et vint se fixer à Reims. Si elle n'appartenait pas déjà à la noblesse ou si le malheur des temps l'en avait écartée, du moins elle s'allia de bonne heure, en raison de sa vertu, de son rang et bientôt de sa richesse, aux meilleures familles de la contrée.

Dans la vieille société française, — et c'est ce qui faisait sa force et sa valeur morale, — chaque génération, continuant l'œuvre de la précédente, ajoutait ses mérites personnels au trésor peu à peu amassé par les aïeux. Malgré la corruption des idées et des mœurs provoquée au xviiie siècle par les abus de la monarchie et la prépondérance des philosophes, ces traits caractéristiques étaient encore manifestes à la fin de l'ancien régime. « De père en fils, dit Taine dans une de ses plus belles pages, le paysan propriétaire, l'artisan maître s'était levé à quatre heures du matin,

---

[1]. De respectables souvenirs, conservés dans les archives familiales, appuyent cette tradition. Au xviiie siècle, les diverses branches en Auvergne, en Périgord, en Champagne, reconnaissaient leur parenté réciproque.

avait peiné toute la journée et n'avait pas bu. De père en fils, le fabricant, le négociant, le notaire, l'avocat, le propriétaire d'un office, avait été soigneux, économe, expert, assidu à son bureau, régulier dans ses écritures, exact dans ses comptes. De père en fils, le gentilhomme avait servi bravement, le parlementaire avait jugé équitablement, par point d'honneur, avec un salaire moindre que l'intérêt de la somme qu'il avait versée pour acquérir son grade ou sa charge. Chacun de ces hommes n'avait que son dû, son bien et son rang étaient l'épargne de sa race, le prix des services sociaux rendus par la longue file de ses morts méritants, ce que ses ancêtres, son père et lui-même avaient créé ou préservé de valeurs stables; dans la bourse héréditaire qu'il tenait en main, chaque pièce d'or représentait la relique d'une vie, l'œuvre persistante de quelqu'un de sa lignée, et, de ces pièces d'or, il en avait fourni lui-même une portion [1] ». On n'escaladait point alors d'un seul bond, par talent, par chance ou par savoir faire, tous les degrés de la hiérarchie : escalade bien préjudiciable aux intérêts sociaux, car « les vertus, qui font franchir les rangs inférieurs de l'échelle sociale, excluent, si ce n'est chez les natures les plus distinguées, les vertus qui rendent digne d'être admis dans la classe supérieure [2] ». Il fallait au contraire s'élever pas à pas; la lenteur même de l'ascension obligeait à s'en rendre digne, sous le contrôle de l'opinion, et donnait le

---

1. *Les Origines de la France contemporaine*, *la Révolution*, t. II, liv. IV, ch. I, IV.

2. F. Le Play, *les Ouvriers européens*, 1re édition, 1855, conclusion, p. 294.

temps d'acquérir les qualités nécessaires à un nouvel état.

Ainsi firent les de la Salle. En 1556, les deux frères Menault et Lancelot de la Salle sont parmi les plus notables commerçants de Reims. Ce dernier, le trisaïeul de notre saint, siège au Conseil de la ville. Très fidèle royaliste, il est, aux débuts de la Ligue, en 1575, accusé de protestantisme ; mais une enquête solennelle rend témoignage de sa foi et de ses vertus : « Le dyct de la Salle (est) un marchant ayant bon bruyt et renom au fait de sa marchandise ; est hospitalyer et aulmosnier et pitoyable aux pauvres dont il voit souvent ; entretient de povres petits enffans aux escolles, et après les mect à apprendre mestiers à ses despens, est aymé des gens de bien [1]. »

Des six enfants que Lancelot eut de sa femme Jeanne Josseteau, dont quatre fils tous opulents, l'un, François, épousa Jeanne Lespagnol qui lui donna huit enfants. Lancelot, l'un deux, marchand à Reims, se maria à Barbe Coquebert. De ses six enfants, deux seulement nous sont connus : Simon qui devint écuyer et seigneur de Létang, et Louis qui, né en 1625, acquit une charge de conseiller au présidial. Avec eux les de la Salle de Champagne prirent ainsi rang définitivement dans la noblesse [2].

1. Témoignage de Jacques Moët, cité par M. Jadard dans « Une enquête... justification de Lancelot de la Salle. » (*Revue de Champagne et de Brie*, 1896.)
2. Sur les actes de naissance de Jean-Baptiste et de ses autres enfants, Louis de la Salle n'est point qualifié écuyer ni noble homme ; mais il est dit *noble homme* sur son acte

C'était la consécration désirée et méritée de la haute estime acquise pendant plus de cent cinquante ans par la probité serupuleuse et l'honneur intact de plusieurs générations. Aussi de ces familles, on pouvait dire avec les Saints Livres [1] : « Mon fils, louons ces hommes pleins de gloire qui sont nos pères et dont nous sommes la race.... Ils ont dominé dans leur état, ils ont été grands en vertus et ornés de prudence.... Ils ont été riches en vertus, ils ont fait de la véritable beauté l'objet de leurs méditations et ils ont gouverné leurs maisons dans la paix... et on les loue encore aujourd'hui de ce qu'ils ont fait pendant leur vie. » Au surplus, ces fortes mœurs et les idées qui les inspiraient étaient les mêmes, au xviie et au xviiie siècle, chez les nobles, les bourgeois et les simples marchands. Leurs livres de raison en font foi, et les érudits qui, à la suite de M. Charles de Ribbe, les ont retrouvés dans nos diverses provinces, en ont multiplié les preuves [2].

---

de décès aux registres de Saint-Symphorien. S'il n'avait point fait ses preuves à Reims, c'est qu'il s'était fait inscrire à Paris par d'Hozier, dont le registre mentionne « **Louis** de la Salle, écuyer, conseiller secrétaire du roi, porte d'azur à trois chevrons brisés d'or ». (Biblioth. nat., 1125, *Armorial général de France*, dressé par Charles-René d'Hozier, juge d'armes de la noblesse de France, en vertu d'un édit du roi Louis XIV de novembre 1666.)

1. Ecclésiastique, XLI, 1-14.
2. « Je n'ai eu d'autres vues, en recueillant les preuves de la *généalogie de ma famille*, que de lui être utile en lui laissant sous les yeux les exemples de probité, de décence et de bonne conduite, que nous ont donnés nos pères en nous **transmettant** de père en fils, et depuis plus de quatre

Louis de la Salle, en outre, épousait en 1650 Nicole Moët, et s'alliait ainsi à une noble et ancienne famille de Champagne ; sans parler de Jean Moët, qui vivait en 1293, et de Colart Moët, échevin de Reims en 1351, les deux frères Jehan et Nicolas Moët furent anoblis par Charles VII en 1446. Un de leurs descendants acquit en 1555 la terre de Brouillet, mais ce n'est qu'un siècle plus tard que Jean, le père de Nicole, y vint souvent résider après son mariage avec Perrette Lespagnol. Il était conseiller au présidial et habitait à Reims la paroisse Saint-Hilaire, à peu de distance de l'hôtel de la Cloche. De rang analogue, rapprochées par une même ferveur de croyances chrétiennes et par le culte commun des mœurs simples et dignes dont la magistrature d'autrefois donnait le salutaire exemple, les familles de la Salle et Moët, par l'union de leurs enfants, formaient ce milieu de foi et de vertu où devait grandir le saint fondateur de l'enseignement populaire. A ce foyer béni, le petit enfant allait épanouir

siècles, le même état et la même fortune.... C'est leur probité qui leur a fait un nom ; c'est l'économie et le bon ordre qui l'ont soutenu. Que leurs descendants ne pensent pas pouvoir rester dans le même état, s'ils n'ont pas les mêmes vertus. Que s'ils méprisent l'état de leurs pères et qu'ils en veuillent prendre un au-dessus, ils ne le fassent que peu à peu et autant que les circonstances le leur permettront ; et qu'ils sachent qu'il est plus aisé de retomber, après s'être trop élevé, que de rester dans l'état de ses pères. » (*Généalogie de Jean-Marie Monnier, subdélégué de l'Intendance de Dombes, conseiller du roi au bailliage et siège présidial de Bourg, conseiller de la province de Bresse*, 1779 ; citée par Charles de Ribbe, avec beaucoup d'autres, dans *Le Livre de famille*, p. 79.)

sa jeune âme dans le pieux respect de la tradition paternelle.

Au moment où commence ce récit, l'hôtel de la Cloche abritait Barbe Coquebert, son fils aîné Simon, qui était seigneur de Létang, et le ménage de son second fils Louis. Toutefois, le premier né des enfants issus de ce mariage, Jean-Baptiste, reçut le baptême à la paroisse Saint-Hilaire, sans doute parce que c'était celle de ses grands parents Moët qui le tinrent sur les fonts. Louis de la Salle resta propriétaire d'une partie de l'hôtel après la mort de sa mère, et c'est seulement en 1664 qu'il la céda à son frère pour transporter son foyer dans une maison acquise rue Sainte-Marguerite et qui devait devenir plus tard le berceau de l'Institut des Frères. La plupart des dix enfants de Louis et de Nicole durent donc naître encore rue de la Chanvrerie. Trois moururent en bas âge. Les autres furent, après Jean-Baptiste, Jean-Remy, né en 1652, qui épousa Marie-Madeleine Bertier du Rocheret et fut écuyer, conseiller-procureur du roi en la justice de la monnaie de Reims ; — Marie, née en 1654, mariée à Jean Maillefer[1], cousin de

1. Les fortes mœurs des familles se peignent elles-mêmes dans leurs archives domestiques. Jean Maillefer, le père de celui qui épousa une sœur de J.-B. de la Salle, nous a laissé ses *Mémoires* dont le manuscrit est à la Bibliothèque de Reims et que M. Jadard a publiés dans les *Travaux de l'Académie*, 1886-1887. Il y aurait bien des traits à y relever ; citons du moins le portrait de sa mère. Il la montre jeune mariée, « extrêmement subjecte en sa boutique, » dans la vente et le détail des menues merceries, « estant la pratique des pères, alors, de ne pas eslever leurs filles dans les braveries et les vanités ». — « Sa prudence a parue en toutte la con-

Nicolas Roland que nous retrouverons bientôt ; elle
fut la mère de François-Elie Maillefer, bénédictin de Saint-Maur, qui écrivit la première *Vie* de
son oncle ; — Rose-Marie, née en 1656 ; « c'était
dit Jean Maillefer, une fille d'une grande douceur et qui nous aimait beaucoup » ; elle entra
au monastère de Saint-Étienne de Reims et mourut à vingt-cinq ans ; — Jacques-Joseph, né en
1659, fit de sérieuses études chez les religieux de
Sainte-Geneviève à Paris, enseigna, puis exerça le
ministère à Blois et à Chauny où il mourut ; — Louis,

duite de sa vie ; mais sa mananimitié (*sic*) a esté encore
bien grande en ce quelle n'a jamais refuzée de faire plaisir, quant elle en a esté priée, mesme contre son intérest....
Sa dévotion, mon Dieu, combien de fois s'est-elle trouvée
aux portes des églises de Nostre Dame, de Saint Remy et
de Saint Pierre, sa paroisse, auparavant qu'elles fussent
ouvertes. Mais combien d'actions de piété, de charité et
d'humilité qui ne sont cognues que de vous, o mon Dieu.
Mais pour parler de sa force, de sa constance, de l'amour
de Dieu et de celuy qu'elle portait à ses enfants, qui le
pourra comprendre, estant demeurée vesve à trente deux
ans et ayant souffert un combat dans elle mesme de la nature
contre la nature? L'amour qu'elle avait pour Dieu et pour
huict enfants que Dieu luy avait donné, fut le vainqueur.
Aussi, c'était une femme d'un fort esprit, ennemye du faste
et de l'oisiveté, civil dans tout ce quy se peust, affable à
recepvoir et à parler à chacun, ménagère pour soy, libérable pour autruy ; un soing merveilleux de nous eslever
dans l'amour et la crainte de Dieu et de nous mettre dans
des conditions honorables pour subsister.... Il pleust à Dieu
de glorifier une sy belle vie d'une belle mort : la bonne
mort suit la bonne vie.... Sa bonne vie et sa belle mort me
doivent servir d'exemple pour le reste des jours que Dieu
me voudra laisser sur la terre. Je prie Dieu qu'il m'en
fasse la grâce de l'imiter dans son vesvage, en sa vie et en
sa mort. Ainsi soit-il. »

né en 1664, fut le filleul de son frère aîné et lui resta toujours fort attaché; docteur en Sorbonne, chanoine de Reims en 1694, il devint ensuite directeur du Grand Séminaire, mais il ne se soumit pas à la bulle *Unigenitus* et fut alors tenu à l'écart jusqu'à sa mort en 1724 ; — enfin Pierre, né en 1666, qui fut comme son père conseiller du roi au siège présidial de Reims, épousa Françoise-Henriette Bachelier et mourut en 1741, doyen de MM. les conseillers du roi.

Heureux les temps où les familles mettent leur honneur, comme les la Salle et les Moët, à conserver le respect de Dieu et le respect du père ; où les parents ont la fierté de leurs traditions et le souci de leurs devoirs ; où les fils se pressent nombreux au foyer de la maison souche et où tous ensemble règlent la pratique journalière de leur vie sur les enseignements des Saints Livres : « L'Eternel considère avec amour la voie des justes ; mais la voie des méchants ira se perdre dans l'abîme. La race de ceux qui craignent Dieu sera en honneur, mais la race de ceux qui violent ses commandements sera déshonorée[1]. »

1. Ecclésiastique, X, 2.

CHAPITRE II

LES ANNÉES DE JEUNESSE. — L'ÉDUCATION
ET LA VOCATION

(1651-1678)

« Le temps des pères absolus est passé, écrivait naguère un spirituel sophiste, le temps des pères constitutionnels est venu. » Et il explique qu'un père « constitutionnel » est celui qui fait prévaloir son autorité par la persuasion, « avec le consentement de ceux qui se courbent sous son empire[1] ». Partout propagées par les lettrés qui sont les héritiers intellectuels de l'auteur du *Contrat social*, ces idées ont été un véritable encouragement au mal : elles ont peu à peu détruit chez nous l'autorité paternelle, l'éducation domestique, la tradition du foyer et l'esprit de famille. Aussi avons-nous besoin d'un effort pour retrouver, sous ces ruines d'hier, ce qui avait fait, pendant tant de siècles, la force de notre race. « Nos pères, dit fort bien le moraliste érudit qui a exhumé leur témoignage, tirant de l'oubli une foule de documents originaux

1. Ernest Legouvé, *les Pères et les enfants au* XIXe *siècle*, p. 18).

nos pères n'étaient ni absolus, ni constitutionnels; ils étaient vraiment et simplement des hommes religieux, croyant qu'il n'est possible de triompher chez l'enfant du vice originel qu'à force de dévouement, suivant pour cela les maximes, les préceptes et la méthode de l'Evangile, et convaincus qu'une éducation bien faite est un chef-d'œuvre dans lequel Dieu doit intervenir. Voilà le fond de la tradition[1]. » Au XVIIe siècle, cette tradition était vivante et robuste. La langue même l'atteste, car on disait couramment alors *nourrir* un enfant pour exprimer non seulement son alimentation corporelle, mais son éducation morale, et dans le vieux langage on recommande la bonne *nourriture et instruction* de la jeunesse : c'est là par excellence l'*institution domestique*.

Louis de la Salle, loin de se dérober à ce devoir, « forma sous ses yeux » son fils Jean-Baptiste. Tout enfant, celui-ci montra un goût très vif pour les belles cérémonies du culte, et la piété fut le premier trait de son caractère. Il se plaisait à reproduire, dans son petit oratoire, les offices et les chants qui l'avaient ému, et ce n'était pas pour lui un simple jeu, mais un exercice recueilli. Les pratiques pieuses étaient ainsi ses meilleures distractions ; aussi plus d'une fois il s'échappa de la maison, et c'est à l'Église qu'on le retrouvait, attentif et priant. Un jour, où une fête de famille avait réuni joyeusement un grand nombre de parents à l'Hôtel de la Cloche, l'enfant, tout à coup attristé par ces

---

1. Charles de Ribbe, *les Familles et la société en France avant la Révolution*, t. I, p. 279.

divertissements, se réfugia près de sa vénérable aïeule, Perrette Lespagnol, et, l'emmenant à l'écart, il la conjura de lui lire la *Vie des Saints*. Cette lecture habituelle tenait, on le sait, à côté de celle de l'Ancien et du Nouveau Testament, une grande place dans la vie morale de ce temps. Les glorieux exemples, les suaves souvenirs de la tradition chrétienne concouraient tous à l'éducation et à la *bonne nourriture* des enfants et entretenaient le feu sacré du bien au foyer domestique [1].

Quand, avec une joie longtemps attendue, il eut été admis à participer aux cérémonies des saints autels, presque chaque matin il servait la messe; et pendant les mois de vacances, à Brouillet, il se plaisait auprès de son aïeul, Jean Moët, à réciter avec lui l'office du jour. Sous ces influences fortes et salutaires, s'épanouissaient chez l'enfant les dispositions naturelles qui lui faisaient aimer déjà les exercices sérieux, le recueillement de la prière intime et la lecture des bons livres. D'ailleurs, « dans la pratique de ses dévotions, nous dit l'un

---

[1]. Les pères rappelaient volontiers cette coutume à leurs enfants dans leurs actes de dernière volonté. « Je laisse le livre de la vie des saints que j'ai achepté, afin que chez vous on le lise. Le soir, faites lire la vie du saint de chaque jour ; que tous ceux de la maison l'entendent attentivement, avec respect et révérence. Ensuite, fermez les portes de vostre maison, faites vostre prière à Dieu et l'examen de vostre journée, voyez en quoi vous pouvez avoir manqué, et souvenez-vous de vous en corriger. Ayez en vue toujours dans vostre conduite les commandements de Dieu. Qu'ils soient empreints dans vostre esprit et dans tout ce que vous ferez. » (Livre de raison de M. de Mongé, publié par Ch. de Ribbe, ouv. cit., t. I, p. 262.)

de ses premiers biographes, le Frère Bernard, il ne faisait rien voir qui ressentît l'affectation, car il était gay sans être évaporé, dévôt sans grimace ». C'est ainsi que saint François de Sales recommandait à Mme de Chantal d'aimer Dieu « rondement, naïvement, à la vieille française [1] ».

Le premier instituteur pour Jean-Baptiste fut son père lui-même, dans les loisirs comptés de sa vie de magistrat, et la première école le foyer familial, bientôt peuplé d'enfants. Ce n'est pas que l'instruction primaire n'eût pris dès lors un large développement. Les « petites écoles », comme on les appelait, étaient nombreuses à Reims et même dans les campagnes voisines. Elles réunissaient sur leurs bancs, au grand profit des bons rapports sociaux, les enfants de toute condition, aussi bien ceux des petites gens que ceux des riches bourgeois. Mais il ne paraît pas que celui qui devait tant faire plus tard pour l'enseignement des humbles, ait fréquenté les « petites écoles ». Sous les yeux de ses parents et sous la direction d'un précepteur dévoué, il ne fut pas longtemps sans acquérir les connaissances nécessaires pour aller dans un collège.

C'était à l'âge de neuf ans que la réforme de l'instruction publique, faite par Henri IV en 1610, prescrivait d'envoyer les enfants dans un collège, c'est-à-dire de leur faire donner un enseignement régulier. Reims avait alors deux grands collèges de plein exercice, qui avaient hérité des antiques

---

1. Saint François de Sales, *Œuvres complètes*, édit. Vivès, t. X, p. 115.

écoles déjà célèbres sous saint Remy et encore brillantes au xvi⁶ siècle. C'étaient le collège des Bons Enfants et le collège des Jésuites. Une pieuse fondation, remontant au règne de Louis le Débonnaire, permettait de loger et d'instruire dix ou douze écoliers pauvres auquel la langue populaire donnait l'appellation touchante de « Bons Enfants ». Plus tard, les écoles publiques furent transférées dans leur maison ; enfin, quand le cardinal de Lorraine fonda l'Université de Reims en 1564, le collège des Bons Enfants devint un rival heureux du grand collège de l'Université de Paris. Mais, dans la première partie du xvii⁶ siècle, il était en complète décadence et les maîtres en avaient adressé leurs doléances à l'archevêque. Le collège des Jésuites avait en effet grandi aux dépens de celui de l'Université. Ce n'est pas qu'il y eût alors dans les esprits rien d'analogue aux préoccupations qu'éveille aujourd'hui parmi nous l'enseignement « laïque », puisque l'Université, à Reims comme ailleurs, avait pour chef l'archevêque, pour régents et professeurs des prêtres et des clercs. L'édit de Henri IV avait au surplus bien défini sa mission : « La bonne instruction comporte trois choses : le culte de Dieu, la piété pour les parents et pour la patrie, le respect de la loi et l'obéissance aux magistrats. » Mais les Jésuites, expulsés à la mort d'Henri III, avaient été rétablis en 1603, et promptement leurs succès justifièrent l'opinion du roi qui les jugeait plus « propres et plus capables que les autres pour instruire la jeunesse ». Avec leurs trente-cinq collèges et leurs quarante mille élèves, ils avaient donné une vive impulsion aux études et exercé ainsi une influence utile à l'intérêt public, car, « puisque la faiblesse de notre condition humaine requiert un contrepoids en toute chose, il est plus raisonnable que les Universités et les Jésuites enseignent à l'envi, afin que l'émulation aiguise leur vertu[1] ».

Cependant Jean-Baptiste fut envoyé au collège des Bons-Enfants, sans doute parce que son père, ainsi que les magistrats et conseillers de la ville, se considérait comme obligé de soutenir l'Université rémoise. Celle-ci, au surplus, grâce aux réformes heureuses du recteur Thomas Mercier, retrouvait à cette époque un peu de son ancien prestige. Externe au collège, Jean-Baptiste n'y passait que les six heures de classes, et n'était aucunement soustrait aux influences du foyer paternel qui continua sa formation morale et lui conserva tout le charme de son caractère. Rien de ce qui concerne l'enseignement n'est indifférent dans la vie du saint fondateur de l'Institut des Frères ; il nous sera donc permis de préciser en quelques mots et les programmes et la nature des leçons qu'il reçut lui-même, conformément à la culture intellectuelle et aux méthodes pédagogiques de son temps.

L'étude des alphabets français, latin et grec, la lecture dans la *Vie des Saints*, le *Psautier*, l'*Imitation*, l'*Introduction à la Vie dévote*, les premiers éléments du calcul, de la grammaire, du catéchisme et du chant, quelques exercices français : tel était l'ensemble des connaissances de notre écolier de neuf ans. En franchissant le seuil du collège, il entrait, et pour neuf années, dans le pays latin. Dé-

1. Richelieu, *Testament politique* (1ʳᵉ partie, II, sect. 11).

sormais le latin devenait — sauf au foyer domestique — obligatoire pour les études, les leçons, les devoirs, pour les relations mutuelles, même en récréation. Une surveillance étroite et incessante assurait la correction du langage en punissant les solécismes. C'est que le latin n'était pas seulement alors la langue traditionnelle du culte et de la prière ; c'était aussi l'idiome commun des lettres et des sciences en tous pays ; l'ignorer ou lui préférer le dialecte vulgaire eût paru, pour un esprit cultivé, aussi étrange que pour nous d'écrire en patois provincial plutôt que dans la langue de Pascal et de Corneille. Un commerce intime avec les Anciens absorbait donc les neuf années d'Université, cinq pour la grammaire, deux pour les lettres, la poésie et la rhétorique, deux enfin pour la philosophie. Les premières étaient surtout fort pénibles, car si quelques collèges, comme Juilly et Port-Royal, employaient des grammaires rédigées en français, cette nouveauté était encore partout repoussée, et les élèves n'avaient entre les mains que le *Manuel* de Despautère dont le jargon barbare exposait les règles grammaticales en vers énigmatiques avec des gloses interminables. C'était pour les enfants « comme une noire et épineuse forêt, où durant cinq ou six ans, ils ne vont qu'à tâtons[1] ». N'est-il pas évident cependant, comme le remarquait Malebranche, qu'il faut se servir de ce qu'on sait pour apprendre ce qu'on ne sait pas, et que ce serait se moquer d'un Français que de lui donner une grammaire en vers allemands pour apprendre

---

1. Guyot, cité par Sainte-Beuve dans *Port-Royal*.

l'allemand[1]. Plus tard, nous le verrons, Jean-Baptiste de la Salle se souviendra des amertumes rebutantes de ses premières études : rompant non sans peine avec des règles vieillies, qui pesaient même sur les écoles populaires, il cessera de donner des livres latins à des enfants français qui n'ont à apprendre que les rudiments de leur propre langue.

Les auteurs grecs et latins étaient la base de l'enseignement. Le maître les expliquait et les commentait; les élèves les déclamaient ou les apprenaient, et surtout les discutaient dans de quotidiennes et longues « disputes ». Les compositions écrites, qui commençaient à prendre quelque importance sous le nom d'*art d'imaginer et d'écrire,* n'étaient elles-mêmes que des imitations voulues de tel ou tel auteur. Les fêtes auxquelles l'Université, à l'exemple des Oratoriens, des Jésuites, avait recours comme moyen d'émulation, offraient, elles aussi, des déclamations, des récitations ou des représentations dramatiques exclusivement empruntées aux lettres classiques. La philosophie, enfin, qui était le couronnement, se présentait comme le commentaire d'Aristote étudié dans son texte plus que dans sa pensée, et sans discussion ni contrôle, sans contact avec l'expérience et les faits. En sortant du collège, un bon élève parlait et écrivait le latin avec facilité; il était familiarisé avec les idées qui régnaient dans les civilisations païennes. Mais, s'il était un habitué de l'agora et du forum, en revanche il ne connaissait rien de l'histoire de France; il n'avait pas appris

---

1. *Recherche de la vérité,* t. II, préface.

près de ses maîtres à comprendre le passé qu'il était appelé à continuer, et sans la tradition familiale il aurait été, suivant le mot de Bossuet, « étranger dans sa patrie ». Il n'était guère moins étranger dans la nature, car, à l'exception de quelques notions de physique, rien n'avait ouvert son esprit aux réalités expérimentales. Ainsi les intelligences n'étaient préparées, au collège, qu'à discourir sur des idées générales et abstraites, sur des imaginations ingénieuses mais vides, sur des entités creuses, sans rapport avec le réel et le concret. Tel est, en effet, cet « esprit classique » qui s'est si fort développé au siècle suivant, et où le génie de Taine a montré l'une des principales causes des chimères de 1789[1]. Mais de pareils effets sont lents à se produire; au milieu du XVIIe siècle l'enseignement classique n'était encore que la moindre part de l'éducation dont la religion et la famille, la foi et la tradition faisaient toujours le fond solide; le reste n'était qu'une parure.

C'est le 10 juillet 1669 qu'après un « grand examen », solennel et brillant, J.-B. de la Salle obtint le titre de maître ès arts. Il avait dix-huit ans et quittait la vie de collège, mais il s'était déjà donné à Dieu. En effet, dès le 11 mars 1662, le pieux enfant, à la

---

[1]. De son côté, M. Jules Lemaître dit excellemment : « Il est assurément singulier que, depuis la Renaissance, la direction des jeunes esprits ait été presque exclusivement remise aux poètes et aux philosophes qui ont ignoré le Christ.... Les conséquences de cette anomalie, que personne n'aperçoit, sont, je crois, incalculables. Il n'y a pas lieu de s'étonner que les collèges des Jésuites, sous l'ancien régime, aient produit tant de païens et de libres-penseurs, y compris Voltaire. » (*Portraits contemporains, Louis Veuillot.*)

fin de sa onzième année, avait reçu la tonsure, dans la chapelle archiépiscopale de Reims, des mains de Jean de Malevaud qui remplaçait l'archevêque Antoine Barberin, non encore installé. Il n'était pas rare alors qu'on entrât ainsi de très bonne heure dans les ordres, sans engagement formel pour l'avenir, le plus souvent sans marque extérieure et sans habit, mais afin de commencer déjà une préparation que facilitait parfois quelque petite prébende attribuée au jeune clerc.

Riche et bien posée, la famille de la Salle n'avait pas fait sans quelque peine assurément le sacrifice de son premier-né à la vie religieuse. Dans les convictions courantes, en effet, la famille était la première des institutions sociales. Loin d'avoir oublié sa mission providentielle, elle en avait pleinement conscience : elle savait que seule elle peut garder vivante la tradition des ancêtres, unir les générations par l'amour de ce dépôt sacré et leur assurer ainsi des progrès sans mécomptes ; elle savait aussi que seule elle peut accomplir l'œuvre difficile de l'éducation des cœurs et des âmes, aidée par les maîtres qui ornent les esprits. Tous pensaient que chaque famille s'élèvera ou s'abaissera, parmi ses émules, selon qu'elle remplira bien ou mal la tâche que Dieu lui a dévolue. Pour soutenir l'institution regardée comme la plus nécessaire de toutes, les libres coutumes, depuis longtemps passées dans les mœurs, destinaient tout naturellement à continuer la famille l'aîné de ses rejetons, puisqu'il était le premier prêt à remplacer le père ; et c'était parmi les puînés que trouvaient à se recruter d'abord le clergé — la part de Dieu — ensuite l'armée — la part de la patrie

— enfin les carrières diverses et les établissements lointains. Mais ici la foi des parents et la ferveur de l'enfant étaient d'accord, et ensemble, se confiant dans la Providence, préparaient, sans la prévoir, la haute mission du saint fondateur.

Un de ses parents, le chanoine Pierre Dozet, présidant une fête universitaire, fut frappé de voir en un si jeune homme se développer des talents qui n'enlevaient rien à la douceur de sa piété ; il résolut de résigner en sa faveur son canonicat, ce qu'il fit en 1666, et le 7 janvier suivant, n'ayant pas encore seize ans, M. de la Salle fut installé au chœur de Notre-Dame de Reims. « Mon petit cousin, lui disait souvent Pierre Dozet, un chanoine doit vivre comme un chartreux et aussi retiré qu'un chartreux, passant la vie dans la retraite et la solitude. » Et, de fait, le jeune chanoine d'une singulière maturité de caractère, se regardait « comme un homme consacré par état à la prière publique », s'acquittait de ses nouveaux devoirs avec autant d'exactitude que ses études le permettaient, et faisait dire à ses collègues : « M. de la Salle est pour nous un modèle de régularité, de modestie et de candeur ». Le chapitre de Reims était d'ailleurs une illustre compagnie, qui avait donné à l'Église trente et un évêques, dont quatre souverains pontifes et vingt et un cardinaux Il comptait alors dix dignitaires et soixante-quatorze chanoines.

J.-B. de la Salle, que les événements aussi bien que sa vocation intime portaient ainsi vers la vie ecclésiastique, reçut les ordres mineurs en 1668 de Charles de Bourlon, évêque de Soissons, dans la chapelle de l'archevêché ; l'année suivante, après l'obtention du grade de maître ès arts, il se prépara à la prêtrise sans quitter pour cela la maison paternelle. Les fortes mœurs, qui régnaient au sein des familles chrétiennes d'autrefois, permettaient qu'il en fût ainsi, et dans ces foyers modèles l'initiation à la vie se poursuivait, au grand profit de tous, sous la puissante influence des traditions domestiques et de l'éducation familiale. Deux cours de théologie à l'Université de Reims, l'un à l'Ecole Saint-Denis, l'autre au siège de la Faculté, occupèrent une année. Mais un grand deuil frappa la famille : le 28 juillet 1670, Jean-Baptiste perdit son grand-père bien-aimé, Jean Moët de Brouillet, qui avait pris une grande part à la formation de sa piété solide. Peu après ce douloureux événement, le jeune homme, encore tout meurtri, partait pour Paris.

Il y était attiré à la fois par la renommée de la vieille Sorbonne et par la ferveur des nouveaux séminaires. Trois communautés, déjà révérées pour leurs vertus, s'étaient depuis peu constituées afin de mieux cultiver l'esprit de l'Evangile dans les dernières années de la formation ecclésiastique : celle de Saint-Nicolas du Chardonnet avec Adrien Bourdoise (1612), celle de Saint-Lazare avec saint Vincent de Paul (1628), celle de Saint-Sulpice enfin avec M. Olier (1642). Louis de la Salle voulut que son fils fît sa licence et prît le bonnet de docteur en Sorbonne, mais, « toujours attentif pour le dresser de bonne heure à l'état qu'il avait embrassé », il le dirigea vers Saint-Sulpice.

La célèbre compagnie avait pour supérieur Alexandre le Ragois de Bretonvilliers, le plus intime confident et le successeur de M. Olier. Il vivait dans la pauvreté et le détachement, bien qu'il fût le plus riche prêtre de France. Il avait fondé plusieurs séminaires, acheté au Canada l'île qui est devenue l'opulente cité de Montréal, et plusieurs fois il put avancer à Colbert des sommes considérables. A côté de lui était Louis Tronson, très docte par la science et de très sage conseil ; ce fut le directeur de conscience de J.-B. de la Salle, auquel il inculqua ces fortes habitudes de discipline et de régularité qui furent plus tard le ressort principal de l'Institut des Frères.

Il faut citer encore bien des noms qui se retrouveront à chaque page de cette histoire. Parmi les maîtres, c'est M. de la Barmondière et M. Baudrand, qui l'un après l'autre devinrent curés de Saint-Sulpice ; puis Leschassier qui fut supérieur général à partir de 1700, et resta toujours le meilleur conseiller de Jean-Baptiste. Parmi ses condisciples, c'est Jean-Claude de Vertrieu, plus tard évêque de Poitiers ; puis Paul Godet des Marais, évêque de Chartres où il appela les Frères ; des Hayes qui installa à Rouen l'Institut naissant ; Méretz qui fit venir les Frères à Alais, et Saléon qui leur ouvrit le Dauphiné, etc. Tous ne résidaient pas alors au séminaire : quelques-uns, de santé plus frêle, comme Fénelon, étaient à la « petite communauté », maison voisine dont le régime était un peu moins austère. Mais le plus intime ami de J.-B. de la Salle — et son directeur en 1700 après la mort de M. Tronson — fut Jacques Baühin. Ancien calviniste converti, il donnait de rares exemples de mortification ; bien qu'alors il ne fût pas encore prêtre, il exerçait une haute influence autour de lui, et contribua plus que d'autres à dresser son jeune ami au culte des vertus héroïques.

A Saint-Sulpice, dit un document du temps[1], « on tâchait d'imprimer un amour très sincère pour un état de vie pauvre, humble, cachée. On n'avait rien qui ne fût à ses confrères ; il fallait même mettre des bornes à ce grand désir de rendre service au prochain. L'amour du monde était tellement banni qu'on aurait eu de grands remords de conscience d'en parler avec la moindre estime. La cordialité et la parfaite union des cœurs étaient regardées comme le caractère particulier de la maison. Il y en avait qui avaient poussé si loin l'obéissance, qu'il fallait que le supérieur fît une attention particulière pour ne dire aucune parole qui fût prise pour un ordre de faire quelque chose qui fût contraire à leur santé. » Personne mieux que J.-B. de la Salle n'avait l'âme ouverte à de tels sentiments : il s'en pénétra, et pour la vie entière. Il fut observateur rigoureux de la règle, exact aux exercices, détaché du monde, et participa ainsi largement aux bienfaits de cette éducation morale en vue de laquelle le séminaire avait été fondé.

Quant aux études, elles étaient florissantes à l'Université et se faisaient surtout en Sorbonne où les élèves allaient suivre les cours : trois ans pour le baccalauréat ou *tentative*, deux ans pour la licence et ensuite le doctorat. Rentrés au séminaire, les étudiants avaient des répétitions, des argumentations

---

1. *La manière dont on se comportait au séminaire de Saint-Sulpice au commencement de son établissement*, 1670 ; réédité en 1855.

et un cours de morale. Ajoutons que la Sorbonne et Saint-Sulpice montraient une vive opposition au parti de Jansénius et que l'esprit de J.-B. de la Salle en reçut une impression ineffaçable.

Ce n'est pas tout : à la formation morale, aux études théologiques, s'ajoutait un complément pratique. Saint Vincent de Paul avait dit déjà : « L'expérience nous a fait connaître que, là où il y a un séminaire, il est bon que nous y ayons une paroisse, afin d'y exercer les séminaristes qui apprennent mieux les fonctions curiales par la pratique que par la théorie[1] ». C'est ce qu'avait fait aussi M. Olier, et Jean-Baptiste prit une part active aux œuvres paroissiales, « allant par les rues de Paris, la cloche en main, pour avertir les enfants et les amener au catéchisme », visitant les petites écoles et les pensions, prêchant des retraites aux écoliers.

Tout ce qui concernait l'enseignement populaire attirait avant tout le zèle des jeunes clercs de Saint-Sulpice : tous s'affiliaient à une *association de prières* créée en 1649 par Adrien Bourdoise afin d'obtenir des maîtres chrétiens pour l'enfance. « Je souhaite volontiers, écrivait son fondateur à M. Olier, voir une école dans un esprit surnaturel, dans laquelle, en apprenant aux enfants à lire et à écrire, on les pût disposer et former à être de bons paroissiens. Car de voir qu'une charité fasse une dépense pour leur faire apprendre à lire et à écrire seulement, et qu'ils n'en deviennent pas meilleurs et plus chrétiens, c'est dommage et néanmoins c'est ce qui se

---

1. Lettres à M. Joly, à Rome, citées dans la *Vie de M. Olier* par M. Faillon, t. III, p. 40.

pratique le plus communément. Aujourd'hui, toutes sortes d'enfants vont aux écoles, mais à des écoles qu'on leur fait d'une manière toute naturelle ; ainsi il ne faut pas s'étonner si, dans la suite, on en voit si peu qui vivent chrétiennement, parce que, pour faire une école qui soit utile au christianisme, il faudrait des maîtres qui travaillassent à cet emploi en parfaits chrétiens, comme des apôtres sans intérêts, et non en mercenaires, regardant cet office comme un chétif métier, inventé pour avoir du pain. Pour moi, je le dis du meilleur de mon cœur, je mendierais volontiers de porte en porte pour faire subsister un vrai maître d'école. Comme saint François-Xavier, je demanderais à toutes les Universités du royaume des hommes qui voulussent non pas aller au Japon ou aux Indes prêcher les infidèles, mais du moins commencer une bonne œuvre[1]. »

Page admirable par son bon sens pratique et dont les rudes leçons des vingt dernières années nous font saisir toute la portée ! C'est un programme, c'est celui que Jean-Baptiste de la Salle s'attachera plus tard à réaliser.

Puissante et décisive a été l'influence exercée par Saint-Sulpice sur le fondateur de l'Institut pendant son passage au séminaire. Et pourtant celui-ci fut de courte durée. En juillet 1671, J.-B. de la Salle perdit sa mère, Nicolle Moët de Brouillet, et moins d'un an après, en avril 1672, son père lui était à son tour enlevé. Ce double malheur, que rendait encore plus amer la séparation imposée alors par la longueur et les difficultés des voyages, changeait sa vie

---

1. Jean Darches, *Le saint abbé Bourdoise*, t. I, p. 236.

en lui traçant de nouveaux devoirs. M. de la Salle devenait en effet chef de famille, obligé de veiller à l'éducation de ses quatre frères et de ses deux sœurs et de gérer l'héritage commun. Rentré aussitôt à Reims, — toutefois après quelques jours d'une fervente retraite, — il les retrouvait tous dans la maison de la rue Sainte-Marguerite. « Dieu permit qu'il fût livré à des incertitudes accablantes », car il se demandait s'il ne devait pas renoncer à sa vocation pour se consacrer tout entier à la tâche dont la Providence le chargeait inopinément. Ce n'était pas l'avis de M. Tronson, ce ne fut pas la décision du chanoine Nicolas Roland, le nouveau directeur de sa conscience. Celui-ci, qui n'avait alors que trente ans, était d'une nature ardente et d'un caractère généreux. Docteur en Sorbonne, chanoine théologal à Reims, il avait visité à Paris les communautés nouvelles de Saint-Nicolas, de Saint-Lazare et de Saint-Sulpice, séjourné à Rouen en s'associant aux efforts de Mme Maillefer et du P. Barré pour les écoles de charité, et, revenu à Reims, il transformait sa maison en séminaire, s'occupait de dresser des maîtresses d'école pour les petites filles et, aussi austère que laborieux, donnait à la fois l'exemple du dévouement et du renoncement. Une telle volonté ne manqua pas de communiquer son impulsion au tempérament plus réservé de M. de la Salle ; quarante jours après avoir quitté Saint-Sulpice, celui-ci recevait le sous-diaconat à Cambrai le 2 juillet 1672.

Si l'incertitude sur la direction de sa vie avait cessé, les devoirs de chaque jour demeuraient impérieux et singulièrement variés. M. de la Salle se montra administrateur habile des biens qui lui étaient confiés, et s'occupa personnellement de l'éducation intellectuelle et morale de ses frères et sœurs. Par une incessante et affectueuse sollicitude, il leur avait fait accepter sans peine une vie astreinte, pour les récréations comme pour les études, à une règle strictement obéie. Tous lui furent en des circonstances difficiles tendrement attachés, et sous sa pieuse influence plusieurs, on le sait déjà, entendirent l'appel de Dieu qui les attirait à l'autel ou au cloître.

Quant à lui, la régularité qu'il apportait en toutes choses lui permit d'accomplir très assidûment les obligations de son canonicat, et de reprendre ses études de théologie à la Faculté où il les avait commencées jadis. Dans les intervalles, comme le dit son historien, E. Maillefer, « il se fortifiait par les bonnes œuvres et la prière, toujours guidé par M. Roland qui ne le perdait pas de vue » ; et ces bonnes œuvres, c'était surtout l'enseignement des enfants pauvres. Il ne se pressa pas et ne paraît avoir passé sa licence qu'après avoir reçu le diaconat, en 1676, à Paris, dans la chapelle de l'archevêché, des mains de l'évêque de Béthléem, le capucin Batailler. Il était venu fort anxieux, car Nicolas Roland le pressait de résigner sa prébende de chanoine, peu conforme à sa jeune activité, pour prendre une cure, plus capable d'occuper son zèle apostolique. C'était échanger la richesse pour la pauvreté, abandonner une position élevée pour une condition alors peu considérée. Aussi parents et amis s'émurent, ne manquant pas de représenter qu'à son âge il ne possédait pas l'expérience indispensable, qu'il ne pourrait satisfaire aux obligations d'un pasteur d'âmes et à celles d'un chef de famille. L'archevêque de Reims, Maurice Le Tellier, en jugea ainsi et refusa son consentement. Jean-Baptiste de la Salle, un peu surpris, s'inclina avec obéissance et dut reprendre la route de Reims pour se remettre d'abord à ses études, et pour se retirer bientôt après au grand séminaire afin de se préparer par la prière à recevoir la prêtrise. Ce fut pour lui un beau jour, tout illuminé de grâce et de joie, que le samedi saint 9 avril 1678, où Maurice Le Tellier lui donna l'onction sainte. Le lendemain, il disait sa première messe sans apparat, dans une petite chapelle de l'antique cathédrale où priaient seulement avec lui ses frères, ses sœurs, son aïeule vénérée, Perrette Lespagnol, et son guide spirituel, Nicolas Roland.

Pendant toute sa vie, et contrairement à l'usage qui prévalait alors, il ne manqua jamais que par nécessité absolue à la célébration quotidienne du sacrifice de l'autel. Il y apportait une ferveur particulière, pleine à la fois de dignité respectueuse et d'intense dévotion. « Il célébrait les saints mystères, dit Maillefer, avec tant de recueillement que tous les assistants en étaient touchés. Il y eut même plusieurs personnes qui, pénétrées de respect pour la piété avec laquelle il le faisait, venaient le trouver au sortir de la messe et le consultaient sur leurs différents besoins spirituels. Il entrait le plus souvent dans des ravissements extraordinaires après la communion.... Il parlait peu, toujours recueilli en lui-même, modeste et retenu dans toute sa conduite, tranquille et paisible dans toutes sortes de situations. »

A travers les années de jeunesse et d'éducation, à la maison paternelle, au collège des Bons-Enfants, à la communauté de Saint-Sulpice, à l'Université de Reims, nous avons vu se former le caractère de M. de la Salle.

L'influence prépondérante fut assurément celle de la famille au sein de laquelle il grandit et resta, dressé par deux générations de parents vénérés aux habitudes de piété forte, initié par eux aux traditions et aux devoirs de la vie domestique, appelé tout jeune à remplacer, vis-à-vis des orphelins, le père enlevé au foyer familial, façonné ainsi de bonne heure au gouvernement des hommes et à la gestion des affaires.

La communauté de Saint-Sulpice fut pour lui une seconde famille : ce que le foyer avait commencé, le séminaire le consacra. Pour la première fois éloigné des siens, il s'inspira profondément de l'esprit que M. Olier avait su donner à sa compagnie. Il y prit des directions, il y noua des relations pour la vie entière ; les unes et les autres l'inspireront et le soutiendront.

Ainsi il nous apparaît fervent et doux, réservé et prudent autant qu'énergique et dévoué, voulant en tout l'exactitude des règles et la lumière des conseils, pratiquant le renoncement, aimant l'austérité, recherchant le sacrifice, s'en remettant à la Providence pour être entre ses mains un humble et docile instrument [1].

A Paris, comme à Reims, peu à peu il a été asso-

---

1. « Je me dois souvent considérer, disait-il plus tard dans un règlement de vie, comme un instrument qui n'est

aux œuvres pratiques et c'est vers les petites
les que son zèle l'a porté, sur la paroisse Saint-
ulpice comme auprès de Nicolas Roland. Désormais, Dieu va le pousser presque à son insu et
engager chaque jour dans la voie de l'enseignement populaire.

on à rien qu'en la main de l'ouvrier; ainsi je dois attendre
s ordres de la providence de Dieu pour agir, et cependant
e pas les laisser passer quand ils sont connus. »

CHAPITRE III

L'ENSEIGNEMENT POPULAIRE. — LA FONDATION DE L'INSTITUT

(1678-1682)

C'est surtout en ce qui touche l'enseignement populaire qu'il est juste de dire avec Guizot : « L'Église marche la première dans la carrière de la civilisation ».

Enseigner le peuple a été sans doute, en tout temps, une des préoccupations de ceux qui l'ont dirigé ou aimé. Mais ce souci de la politique est devenu un devoir de la charité quand l'Évangile a renouvelé la face de la terre, quand la bonne nouvelle a été prêchée aux humbles, aux petits, aux pauvres. L'enseignement des rudiments fut lié dès lors à l'apostolat de la vérité. Aussi, à travers tout le moyen âge, on voit se constituer, de plus en plus nombreuses, à l'ombre des cathédrales, de petites écoles dont prennent charge, d'abord l'évêque, ensuite son délégué, le chantre ou écolâtre. Leur premier but est de faciliter le recrutement des clercs, et leurs élèves sont initiés aux chants de la liturgie comme aux leçons de la grammaire; mais elles sont largement ouvertes à tous les enfants.

Partout les moines à leur tour tiennent à honneur d'être instituteurs, et l'école est « le portail » de l'église. « On ne peut douter, dit le sagace historien de Du Guesclin, que, pendant les années même les plus agitées du xiv⁰ siècle, la plupart des villages n'aient eu des maîtres enseignant aux enfants la lecture, l'écriture et un peu de calcul. » Et faisant allusion aux erreurs propagées par les mensonges des lettrés et les passions des révolutionnaires, Siméon Luce ajoute avec la sereine autorité de la vraie science : « Il faudra, désormais, de la mauvaise foi pour accuser le moyen âge d'avoir érigé l'ignorance en système, ou pour faire dater de nos jours les efforts en faveur de l'instruction populaire. Il est vrai que le moyen âge n'écrivait pas de circulaires : il les remplaçait par des actes. Alors, c'était la vertu inspirée par la foi, non l'administration, qui faisait le bien, et l'on sait que la vertu ne fait jamais de bruit[1]. »

Toutefois la diversité était grande alors suivant les lieux et les temps : ainsi la grande peste, ainsi la guerre de Cent ans firent disparaître, ici les maîtres, là les fondations. Mais le règne réparateur du « Père du peuple » avait en tout ramené l'ordre avec la prospérité. Aussi, quelques années après Louis XII, les ambassadeurs vénitiens constataient qu'à Paris « il n'était personne qui n'apprît à lire et à écrire ». La capitale, d'ailleurs, n'était point à cet égard une exception : on voit même apparaître alors dans beaucoup de villes de petites écoles gratuites, subven-

1. Bibliothèque de l'École des Chartes, t. XXXIV, p. 121 (1873).

tionnées avec les deniers communs, en même temps que l'instruction élémentaire devient un des modes d'assistance pour les orphelins pauvres ou les familles secourues par les œuvres de charité. La Réforme, à la vérité, accumule presque autant de ruines qu'en fera plus tard la Révolution. « Il nous faut, dit Claude Saincte, évêque d'Évreux en 1576, il nous faut admirer le zèle de nos pères pour l'instruction de la jeunesse. Il eût été difficile de trouver autrefois une paroisse un peu populeuse qui n'eût sa maison ou sa fondation pour les écoles; mais, en même temps, il nous faut maudire la négligence ou plutôt la conduite sacrilège de notre siècle, où l'on a vu les gentilshommes, les paroissiens, usurper ou aliéner les maisons d'école et les biens qui y ont été affectés, de sorte qu'à peine trouve-t-on maintenant une école ou un maître, nous ne dirons pas dans les campagnes, mais dans les villes et même les cités les plus considérables[1]. » Grâce à la pacification religieuse et à l'élan de la foi, partout dès le début du xviie siècle, sous l'impulsion des événements et des conciles, les écoles se relèvent, les fondations sont restaurées, les créations nouvelles se multiplient.

Seule, cette multiplication ne serait pas le sûr ga-

---

1. Cité par Allain, *Instruction primaire*, p. 45. — Les dix années de la Révolution ont eu pour l'enseignement populaire les mêmes conséquences que la crise de la Réforme et les témoignages des contemporains sont aussi formels que ceux qu'on vient de lire. Voir notamment le rapport du ministre Chaptal chargé en l'an IX de présenter un projet de loi sur l'instruction publique, cité par M. de Beaurepaire, *Recherches sur l'instruction publique dans le diocèse de Rouen,* introd. p. V.

rant d'un progrès véritable. La meilleure partie de l'instruction, en effet, n'est pas l'enseignement puisé à l'école, mais l'éducation reçue au foyer, sous la discipline de la famille. C'est là que les parents, par leurs exemples, leur expérience et leurs leçons, façonnent les jeunes âmes au respect du devoir en même temps qu'à la pratique de la vie. C'est la mission qu'ils ont assumée en les appelant à l'existence. Ils sont responsables devant Dieu de leur destinée éternelle et auront à répondre des plis ineffaçables que vont recevoir d'eux ces volontés naissantes. Suivant que cette œuvre, qui est à vrai dire la raison d'être de la famille, est bien ou mal remplie, la race progresse ou rétrograde, car si cette influence salutaire et pénétrante du foyer domestique devenait défaillante, les efforts des meilleurs maîtres risqueraient de rester le plus souvent impuissants et stériles. Comment ce qu'ils construisent à grand'peine pourrait-il s'élever si les parents n'en ont d'abord posé les fondations, ou en détruisent à mesure les murailles?

Quant à l'apprentissage des connaissances scolaires, plus ou moins étendues suivant les conditions et les mœurs, il s'organise selon les besoins. Il ne saurait sans danger être étendu brusquement en dehors des limites assez étroites que lui assigne la nature des choses[1]. Il était jadis bien moins réclamé

---

1. « La doctrine scolaire a le genre de perfection qui lui est propre, dès qu'elle est adaptée aux facultés imparfaites de l'enfant. Elle doit avant tout exercer la mémoire et les organes physiques; elle a moins de prise sur l'intelligence, et elle agit moins encore sur les facultés morales. Elle est donc reléguée, par la nature même des choses, à un rang

par les nécessités usuelles que de nos jours dans notre société si profondément modifiée par la houille, la vapeur, les machines, les chemins de fer et les relations internationales. Néanmoins, sous Henri IV, sous Colbert et au xviii° siècle, la création des manufactures, l'essor de la grande industrie et la croissance des villes préparaient déjà les voies à ces transformations profondes, et le besoin d'une instruction plus étendue se faisait confusément sentir dans tous les rangs. Vers le milieu du xviii° siècle La Chalotais pourra dire : « Le peuple même veut étudier; des laboureurs, des artisans envoient leurs enfants dans les collèges des petites villes où il en coûte peu pour vivre ». En tout temps, au surplus, il a été utile de développer l'enseignement scolaire en conformité avec les exigences de l'époque, à condition de ne jamais oublier qu'il en est de la culture intellectuelle comme de la force ou de la richesse :

inférieur, en ce qui touche la direction des sociétés.... Il est digne de remarque que les contrées où l'enseignement primaire se montre le plus fécond, sont précisément celles où l'on n'a jamais tenté de l'élever au-dessus du rôle modeste que lui attribue la nature des choses » (F. Le Play, *La Réforme sociale en France*, ch. 47). « Les classes pauvres, dit Guizot, livrées à des instituteurs qui prétendraient les initier à une foule de connaissances qu'ils ne posséderaient euxmêmes que très imparfaitement, ne retireraient de ces essais ambitieux que des notions confuses et indigestes, une instruction mensongère » (*Rapport sur la situation de l'enseignement primaire*, 1833). « Toutes les fois que la société, par le vice de ses écoles, fait un demi-savant, elle fait un mécontent prétentieux, qu'il lui faudra, plus tard, satisfaire ou qui deviendra l'ennemi mortel de son repos ». (Saint-Marc Girardin, *Rapport sur l'instruction intermédiaire en Allemagne*). V. aussi A. des Cilleuls, *Hist. de l'enseignement libre*.

l'homme qui l'acquiert accroît sa puissance, et celle-ci servira au mal plus qu'au bien s'il n'augmente pas en même temps sa force morale.

Mais, au siècle de saint Vincent de Paul, de Pascal et de Condé, on ne songeait nullement à séparer l'école de l'Église; on n'aurait point osé écrire comme un peu plus tard Helvétius : « Peu importe que l'homme soit vicieux pourvu qu'il soit éclairé »; on ne nourrissait point à l'endroit de l'enseignement primaire l'étroit fétichisme que montre notre âge sceptique et vieilli[1]; on ne se préparait pas d'amères déceptions en croyant fermer une prison parce qu'on ouvrait une école. Bien loin que la morale religieuse fût envisagée comme une chose sans utilité ou de pur agrément, on en faisait alors le fond solide sur lequel reposait l'éducation; elle l'imprégnait tout entière, et les petits enfants apprenaient à respecter ce Décalogue éternel dont l'humanité ne peut s'écarter sans retourner aussitôt vers la barbarie et l'animalité[2]. Multiplier les classes était donc un avantage immédiat puisqu'elles aidaient les familles à dresser les jeunes générations à la connaissance et à la pratique de la morale et du bien,

---

1. Gustave Flaubert voulant ramasser dans l'un de ses ouvrages (*Bouvard et Pécuchet*) toutes les inepties débitées par la bourgeoisie contemporaine, écrivait à l'ami qui l'aidait à recueillir des matériaux : « Surtout mettez de côté tout ce qui se publie sur l'instruction primaire ».

2. « Dieu n'a permis les menaces du socialisme... que pour nous obliger à nous serrer dans sa sainte Église autour du Décalogue éternel, sans lequel il n'y a plus ni autorité, ni respect, ni loi, ni famille, ni propriété, ni raison, ni droit, ni devoir, ni société humaine, ni humanité sur la terre. » Mgr Dupanloup, *Lettre pastorale* du 20 octobre 1873.

quand les maîtres et les maîtresses avaient pour première tâche « d'instruire tous les enfants de l'un et l'autre sexe des principaux mystères de la foi et des devoirs de la religion[1] ». Nombreux, variés, décisifs sont les témoignages qui prouvent comment les parents et le clergé avaient, en ce qui concerne l'enseignement de l'enfance, les moyens de remplir leurs obligations et d'exercer leurs droits, tandis que l'État se bornait à seconder leurs efforts sans sortir de son rôle pour usurper leur mission. Inutile de recommencer ici une démonstration historique, maintes fois faite, dont les preuves sont partout et qui est désormais acquise[2]; bornons-nous à la résumer avec l'autorité de l'érudition savante : « Au XVIe siècle, l'instruction était peut-être encore moins répandue qu'elle ne l'est aujourd'hui; mais nous ne

1. Il en était de même dans les pays protestants. Dans l'Allemagne du Nord, par exemple, l'ancienne organisation familiale des petites écoles a été remplacée par le régime de l'*obligation*, non pour obéir à des préoccupations sectaires, mais inversement pour mieux assurer à tous les enfants les bienfaits de l'éducation morale et religieuse. L'obligation a d'ailleurs porté sur la *Kinderlehre* ou catéchisation du dimanche. (V. dans le *Bulletin de la Société d'économie sociale*, t. III (1872), le rapport de M. Frédéric Monnier, ancien maître des requêtes au Conseil d'Etat, sur l'enseignement obligatoire dans les États allemands et cantons suisses.)
2. Voir notamment l'ouvrage classique de E. Allain, *l'Instruction primaire en France avant la Révolution*, les autres publications du même auteur sur cette question controversée; et aussi de Beaurepaire, *Recherches sur l'instruction publique dans le diocèse de Rouen*, ainsi que le *Dictionnaire de pédagogie*, articles Champagne (Maggiolo), Franche-Comté (Gauthier) et surtout le savant ouvrage de M. A. des Cilleuls, *Histoire de l'enseignement libre dans l'ordre primaire en France*.

croyons pas nous tromper en affirmant qu'au xviiᵉ siècle elle était aussi généreusement et libéralement accordée à tous que nous le voyons de nos jours[1] ».

A l'époque où M. de la Salle, à Reims, allait se donner peu à peu à l'enseignement populaire, les dévouements de toutes parts se mettaient à l'œuvre. Pour le saint curé de Mattaincourt, Pierre Fourrier, « c'était la chose la plus nécessaire et propre au siècle ». M. Démia, à Lyon, se consacrait aux écoles avec un zèle que ses célèbres *Remontrances* de 1666 faisaient rayonner même au loin. Adrien Bourdoise, dont nous avons déjà signalé les fondations à Saint-Nicolas, estimait que « si saint Paul et saint Denys revenaient à présent en France, ils prendraient la condition de maîtres d'école de préférence à toute autre ». Les évêques recommandaient à l'envi l'instruction élémentaire comme la plus grande charité qu'on pût exercer envers les pauvres, comme l'œuvre excellente entre toutes à montrer à la sollicitude généreuse des donateurs.

Grâce aux ressources sollicitées et réunies pour elles, les écoles charitables se multipliaient partout; presque toutes les paroisses de Paris en comptaient plusieurs. Dans beaucoup de villes où aucune classe spéciale n'avait pu être ouverte, les enfants indigents étaient reçus gratuitement aux écoles payantes. C'est aussi au cours du xviiᵉ siècle qu'apparaissent, là où les fondations libres sont insuffisantes, les premières écoles communales officielles, c'est-à-dire créées en vertu de la loi et aux frais des contribuables. Mais toutes les petites écoles,

---

[1]. Merlet, archiviste d'Eure-et-Loir, cité par *Allain*.

quelle que fût leur origine, étaient sous la juridiction des autorités ecclésiastiques et sous la surveillance des curés de paroisse. En principe, la nomination était faite par ceux qui fournissaient aux frais, les fondateurs, les notables, ou l'assemblée des habitants suivant les cas. Les « lettres de régence » qui permettaient d'enseigner, étaient délivrées, après examen, au nom de l'évêque par l'écolâtre, mais pas toujours requises pour les écoles de campagne. Le programme des classes était au reste fort simple : la lecture, l'écriture, le calcul, les dix commandements et le catéchisme, parfois un peu de comptabilité ou les éléments du latin, et toujours pour les filles, la couture.

Assez bien payée par un traitement fixe, une rétribution des élèves et quelques redevances en nature, la situation de maître d'école était recherchée et honorée. Les maîtres, quoique révocables annuellement, restaient d'ordinaire longtemps au milieu des populations comme auxiliaires de leurs prêtres. Souvent on souhaitait — on voulait parfois — que le maître d'école eût au moins reçu les ordres mineurs. C'est que les laïques instruits et dévoués, aptes à cette tâche, n'étaient pas nombreux partout. En l'absence de toute institution préparatoire analogue à nos écoles normales, les premières études poursuivies par les clercs étaient à peu près la seule initiation à cette collaboration intime du maître d'école et du curé de paroisse. Aussi s'explique-t-on que dans les pamphlets du temps on ait reproché au chantre de Notre-Dame de confier ses petites écoles « à des gargotiers, à des cabaretiers... et même à ses propres laquais ». Il n'était pas plus aisé, on le conçoit sans peine, de recruter des maîtresses pour les écoles de filles ; mais c'est de ce côté que le remède vint d'abord, par la fondation d'un grand nombre de communautés enseignantes et charitables.

Retirées au fond des cloîtres, les congrégations de femmes étaient jusqu'alors vouées à la prière et à la pénitence. Mais voici qu'à côté d'elles, sans vœux solennels et sans grilles fermées, plus de cinquante communautés nouvelles se fondent en un siècle et demi pour élever les enfants et soulager les pauvres. Telles furent pour l'éducation gratuite des filles, d'abord les Sœurs de Sainte-Ursule — les Ursulines — établies dès 1537 par sainte Angèle de Mérici en Italie, introduites en 1596 en France et dont les maisons se multiplièrent avec une rapidité qui prouve leurs succès; les Filles de la Congrégation de Notre-Dame, fondées aussi en 1597 par saint Pierre Fourrier, et qui au bout d'un siècle, comptaient quatre-vingts maisons; puis la Visitation, les Sœurs de la Providence ou Dames de Saint-Maur, et bien d'autres, mais surtout les Filles de la Charité, les *sœurs grises*, que M. Vincent, avec Mme Legras, fonda en 1630, et qui plus que toutes les précédentes se répandirent partout, « n'ayant d'autre cloître que leur modestie ». Beaucoup de ces maisons remplissaient l'office d'écoles normales, car leurs élèves souvent devenaient des maîtresses pour l'enseignement des filles.

Il n'en allait pas de même alors pour les écoles de garçons. A mesure qu'elles devenaient plus nombreuses, le recrutement des maîtres était plus difficile, surtout pour les écoles de charité fort délaissées. Les premiers essais de congrégations d'hommes échouèrent successivement. Celle des « Frères de la vie commune » d'Aix-la-Chapelle ne pénétra point en France ; « les clercs réguliers » ou *Frères Scolopii* des écoles pies de Rome, comme la congrégation de la Doctrine chrétienne du vénérable César de Bus, se tournèrent vers l'enseignement secondaire dont les Oratoriens et les Jésuites s'occupaient déjà exclusivement. Le père Barré à Rouen, M. Démia à Lyon, essayèrent bien de faire des séminaires de jeunes maîtres d'école ; mais leurs œuvres manquèrent de l'esprit de discipline et de sacrifice qui fait les choses durables. Elles ne purent leur survivre, et nous apparaissent seulement comme les tentatives ébauchées par lesquelles se préparait le grand Institut que M. de la Salle était destiné à créer, au prix de labeurs et d'épreuves qui rempliront sa vie.

A Saint-Sulpice, nous l'avons vu, M. de la Salle avait été mêlé au mouvement général qu'avaient provoqué, en faveur des écoles populaires, Adrien Bourdoise, saint Vincent de Paul et M. Ollier. Au lendemain de son ordination, il est appelé par la mort inopinée de Nicolas Roland, à s'occuper des écoles de Reims. Il le fait aussitôt et avec zèle ; mais il n'a aucun dessein préconçu, aucun plan d'avenir ; il remplit les obligations de chaque jour, et se laisse peu à peu absorber en entier par elles, sans entrevoir un but éloigné. « Je n'y pensais nullement, écrivait-il.... Si même j'avais cru que le soin de pure charité que je prenais des maîtres d'école eût dû jamais me faire un devoir de demeurer avec eux, je l'aurais abandonné. Car, comme naturellement je mettais au-dessous de mon valet ceux que j'étais obligé, surtout dans les commencements, d'employer aux écoles, la seule pensée qu'il aurait fallu vivre avec eux m'eût été insupportable. Je sentis en effet une grande peine dans le commencement que je les fis venir chez moi ; ce qui dura deux ans. Ce fut apparemment pour cette raison que Dieu, qui conduit toute chose avec sagesse et avec douceur, et qui n'a point coutume de forcer l'inclination des hommes, voulant m'engager à prendre entièrement le soin des écoles, le fit d'une manière imperceptible, et en beaucoup de temps, de sorte qu'un engagement me conduisit dans un autre, sans l'avoir prévu dans le commencement. » Rien ne peint mieux que ces quelques lignes les pieuses dispositions de cette âme douce et modeste, éprise de dévouement, satisfaite par le sacrifice, tranquille dans l'obéissance, qui trouve la règle de sa vie dans l'accomplissement du devoir journalier, et qui pour le surplus s'abandonne toute à Dieu.

Les premières charges qui lui incombèrent furent celles que lui légua Nicolas Roland. Celui-ci, allant prêcher à Rouen, y avait connu le P. Barré, les écoles de filles qu'il avait ouvertes à Sotteville, le concours puissant que lui donnait la générosité de Mme Maillefer, jadis mondaine, alors convertie ; enfin la congrégation qu'il avait fondée en vue des écoles sous le nom de « religieuses de la Providence ». Toujours ardent au bien, Nicolas Roland voulut imiter ce modèle à Reims, et le P. Barré lui avait donné, en septembre 1670, la fondatrice elle-même, Françoise Duval. Bientôt les écoles s'ouvrirent, des maîtresses se groupèrent : ce furent les « Sœurs du Saint-Enfant Jésus ». Mais il les fallait faire d'abord approuver par l'archevêque, qui ne semblait guère favorable, et, ensuite, reconnaître par l'autorité administrative, ce qui seulement leur donnait une existence légale. Et ce n'était pas chose aisée, d'autant que les villes alors pouvaient refuser de recevoir ceux qui n'ayant pas de moyens d'existence assurés, menaçaient d'accroître les charges publiques. Bien souvent les magistrats étaient enclins à traiter de la sorte les ordres mendiants. Pour que des communautés nouvelles eussent droit de cité, il fallait que l'utilité de leurs services fut manifestement établie. Après de grandes traverses, Nicolas Roland allait essayer de faire reconnaître la congrégation qui déjà instruisait un millier d'enfants sur quatre paroisses de la ville ; mais il mourut subitement, usé bien avant l'âge par l'ardeur dévorante de son dévouement. Son testament et ses dernières paroles recommandaient l'éducation des pauvres à M. de la Salle et disposaient de généreuses libéralités en faveur de ses chères écoles. Celui qui devenait ainsi l'héritier de la pensée et de l'œuvre de son saint directeur, accepta sans hésiter le fardeau. Il réussit en dix mois à faire approuver la congrégation par l'archevêque qui en devint le haut protecteur, à gagner à sa cause, grâce aux relations de tous les siens, les principaux conseillers de la ville, à obtenir enfin les lettres patentes. Mais à peine cette première mission s'achevait-elle qu'une autre charge, de bien autre importance, venait s'imposer à M. de la Salle.

Les anciennes écoles de charité de Rouen pour les garçons avaient été rétablies en grande partie par l'activité entreprenante d'un homme de bien, Adrien Nyel, qu'avait appuyé le haut crédit de M. de Bimorel. Peu constant dans ses entreprises, Nyel s'en était déjà déchargé quand Mme Maillefer, Rémoise d'origine, eut recours à lui pour assurer à sa ville natale, après les écoles de filles, des écoles de garçons. Un jour que M. de la Salle allait dire sa messe à l'Enfant-Jésus, un voyageur, avec un jeune garçon, arrivait en même temps que lui à la porte. C'était Adrien Nyel que Mme Maillefer envoyait, avec une pension de 300 livres, à la supérieure de l'Enfant-Jésus et au chanoine de la Salle pour organiser sous leur direction les écoles gratuites à Reims. Ensemble on discute les difficultés, on examine les voies et moyens ; on reconnaît la nécessité de n'avancer que fort discrètement, surtout à l'instant où les écoles de filles viennent d'être approuvées, et M. de la Salle est amené à offrir chez lui l'hospitalité à Nyel dont la présence sera moins remarquée que partout ailleurs dans ce grand hôtel très fréquenté. Ainsi fut fait ; puis demandant à la prière et à la retraite les lumières nécessaires, le jeune chanoine fait bientôt prévaloir une prudente solution. Adrien Nyel et son aide seront payés sur la rente donnée par Mme Maillefer et l'école sera fondée, mais au nom d'un curé de paroisse qui la fera sienne ; c'est son droit, c'est son devoir vis-à-vis de ses paroissiens pauvres. M. Dorigny, curé de Saint-Maurice, accepte et prend avec lui les deux maîtres. « La seule condition qu'on vous demande pour ce marché, dit M. de la Salle, est de paraître l'auteur de cette école et de lui prêter votre nom. » L'école Saint-Maurice s'ouvrit ainsi le 15 août 1679. Elle est regardée comme la première de l'Institut des Frères. Le souvenir en est conservé par un monument érigé dans l'église Saint-Maurice en l'honneur de M. de la Salle et à côté de celui de Nicolas Roland, fondateur de l'Enfant Jésus.

La bienfaisante institution qui mettait fin au vagabondage de l'enfant, qui l'instruisait et l'élevait, fut vite appréciée et ses succès firent souhaiter à une généreuse donatrice de doter sa propre paroisse d'une semblable fondation. Mme de Croyère eut à peine le temps, avant de mourir, d'en décider la création avec M. de la Salle et d'en assurer l'avenir par ses libéralités. L'école Saint-Jacques s'ouvrit en septembre. Mais trois jeunes maîtres s'étaient offerts : tous les cinq vivaient ensemble sous le toit de M. Dorigny, qui malgré les subventions ajoutées par M. de la Salle, trouvait la charge trop lourde. En outre Adrien Nyel, s'il était fort instruit dans la religion et excellent catéchiste près des enfants, avait un caractère remuant, aimait les déplacements, ne s'imposait pas de régularité dans ses fonctions, et par suite n'exerçait pas de direction sur ses collaborateurs. Sentant le danger, M. de la Salle leur conseilla une règle de vie prescrivant des heures fixes pour le lever, les repas, les classes, etc. « Je m'étais figuré, écrivait-il dans son *Mémoire*, que la conduite que je prenais des écoles et des maîtres, serait une conduite extérieure, qui ne m'engageait à leur égard à rien autre chose qu'à pourvoir à leur subsistance et à avoir soin qu'ils s'acquittassent de leur emploi avec piété et avec application. » Mais il en fut tout autrement. M. de la Salle, en effet, ne tarda pas à reconnaître qu'il lui fallait suivre les maîtres de plus près. Aux fêtes de Noël 1679, il les installa dans une maison proche de son hôtel, de sorte qu'il put leur donner une règle plus précise, les visiter souvent et guider leur piété. En même temps, dans cette nouvelle demeure, et pour le quartier si populeux de Saint-Symphorien, une troisième école fut ouverte qui, tout près de M. de la Salle, fut mieux conduite quoique plus nombreuse que ses devancières.

Mais les difficultés ne tardèrent pas à renaître. Nyel, trop changeant et très occupé d'ailleurs, ne savait point donner aux maîtres une direction, leur inspirer la ferveur et entretenir leur zèle. Le relâchement auquel ils se laissaient aller, les détachait de leurs devoirs et de leur mission. Ce furent des moments d'hésitation anxieuse pour le chanoine de la Salle qui, voyant l'œuvre péricliter, ne croyait pouvoir la sauver qu'en recueillant les maîtres chez lui. C'était prendre un parti décisif pour l'avenir ; en outre pour vivre ainsi désormais, il fallait vaincre les répugnances instinctives que lui inspiraient à cet égard et son éducation choisie et ses manières distinguées, sans parler de ses obligations de rang et de famille. Toujours désireux de prendre conseil, il vint à Paris chercher les avis de l'homme le plus capable de l'éclairer, le P. Barré lui-même. Non seulement le vénéré Minime avait à Rouen ouvert les écoles de filles et relevé les écoles de garçons : il avait aussi à Paris cherché à grouper en une sorte de communauté les maîtres des écoles charitables. Tâche difficile qu'il ne put mener à bien : expérimenté ainsi par ses succès comme par ses échecs, il n'hésita pas : « Voulez-vous former vos maîtres à la piété et leur faire aimer leur état à cause du bien qu'ils y peuvent faire, vous devez les loger chez vous et vivre avec eux en leur société. » Déférant à ce conseil et pour ne rien brusquer, M. de la Salle commença par recevoir Nyel et ses collaborateurs chez lui pour les repas, pris en commun avec ses frères, et occupés par quelque pieuse lecture qu'il aimait à commenter dans une rapide et familière causerie. Les résultats furent encourageants pour la tenue des classes et surtout pour l'amélioration morale des maîtres. Toutefois M. de la Salle « vit bien que ce qu'il faisait pour former ceux-ci à une piété solide ne produisait pas encore tout le fruit qu'il s'en était promis ». A la semaine sainte de 1681, pendant une absence de Nyel, qu'il avait déconseillée et qui laissait les jeunes gens un peu à l'abandon, il les réunit pour une retraite de huit jours chez lui. Là dans de sages entretiens, il leur faisait, au dire d'Élie Maillefer, « sentir leurs défauts, leur parlait avec douceur, étudiait leurs différents caractères, y conformait ses réprimandes ; par cette industrie, il trouvait le moyen de réformer leur extérieur, en même temps qu'il réglait leur intérieur ». C'était un acheminement : un autre pas fut fait le 26 juin 1681, quand les maîtres vinrent habiter complètement dans l'hôtel de la rue Sainte-Marguerite.

Ce fut, hélas, l'occasion d'autres difficultés. On avait jusqu'alors discrètement critiqué ce que, aux yeux du monde, avait d'étrange la conduite du chanoine de la Salle. On ne se gêna plus pour trouver malséant ce commerce qu'il se plaisait à rendre plus intime avec des gens d'éducation vulgaire, et surtout pour blâmer les contacts qu'il imposait ainsi à ses jeunes frères. Toute sa famille, prétendant qu'il oubliait et sa naissance et son rang, lui devint hostile. Elle tint même à lui enlever ses frères : l'aîné resta cependant, mais le second se retira chez sa tante Maillefer et le plus jeune alla terminer ses études chez les chanoines de Senlis. Tant d'oppositions, si elles furent cruelles pour son cœur aimant, affermirent encore sa détermination raisonnée. Surmontant les répulsions inspirées par les différences d'éducation, se donnant à ces natures modestes pour les élever, il reporta sur ses enfants d'adoption la tendresse que sa famille avait blessée.

La bénédiction de Dieu se manifesta dès l'année 1682 par plusieurs fondations nouvelles. C'est ainsi que fut installée à Rethel une école pour laquelle M. de la Salle faisait une partie des fonds après avoir obtenu le reste des magistrats municipaux. Il se montrait en effet fort prudent et n'accordait des maîtres que là où les ressources nécessaires étaient assurées par les dons des bienfaiteurs ou par les engagements de la ville. Après Rethel, ce fut Guise qui, grâce au concours du duc de Mazarin et de la famille de Lorraine, put avoir son école en juillet. Quelques semaines auparavant s'étaient ouvertes à Château-Porcien des classes pour lesquelles les magistrats et le curé avaient demandé des maîtres à M. de la Salle. En octobre, enfin, ce fut le tour de la ville de Laon où l'abandon de l'enseignement populaire avait causé « un si grand dérangement et une si extrême ignorance des mystères de notre sainte religion et des petites lettres, que cela excitait à compassion ». Là encore, on recourut à M. de la Salle qui sut faire assurer les modestes ressources indispensables à l'existence des maîtres. Ce fut Nyel qui, comme à Rethel, comme à Guise, vint présider à l'école de Laon ; il s'y fixa même pour trois ans, jusqu'au jour où il se retirera à Rouen pour prendre un repos bien mérité.

Toutes ces fondations, presque inattendues, de l'enseignement populaire dans l'année 1682, prouvèrent à M. de la Salle qu'il était bien dans la voie tracée par la Providence. Il résolut alors de placer la communauté naissante dans un quartier moins populeux et dans une demeure plus retirée, afin qu'étant avec lui, mais non plus chez lui, elle fût vraiment chez elle. Il loua donc une maison en face du couvent de Sainte-Claire, rue Neuve, au faubourg Saint-Remy. Les maîtres s'y installèrent le 24 juin 1682. Cette date est regardée comme celle de la fondation de l'Institut des Frères.

CHAPITRE IV

LES PREMIÈRES ANNÉES DE L'INSTITUT. — L'ESPRIT DE PAUVRETÉ

(1682-1688)

Ce n'est pourtant pas encore une communauté véritable que la réunion de ces dix ou douze jeunes hommes dont la vocation se cherche et chancelle. Les uns se rebutent, l'austérité les effraie; les autres manquent d'aptitudes, l'enseignement périclite; quelques-uns des anciens se retirent; de nouveaux venus arrivent; le petit groupe se renouvelle, s'épure, et tous se transforment par l'influence plus que par l'autorité du saint fondateur. « En se contentant de leur inspirer son esprit, il leur laissait la satisfaction flatteuse d'être eux-mêmes les auteurs de leur manière de vie et de leurs pratiques, et de devenir leurs propres législateurs. » Ses exemples, d'ailleurs, oraisons fréquentes et méditations prolongées, jeûnes sévères et mortifications sanglantes, n'étaient pas moins persuasifs que sa parole ou ses conseils. Car, après bien des hésitations et des refus, M. de la Salle dut céder à de vives instances et devenir le directeur de tous les maîtres. Craignant que vis-à-vis de lui ils manquassent de liberté, il prenait soin de leur donner souvent des confesseurs extraordinaires; mais il les animait de sa pensée : « Tous prenant l'esprit de leur père, ils avaient les mêmes maximes, les mêmes vues, les mêmes sentiments, ils n'avaient tous qu'un cœur et qu'une âme. »

Néanmoins plusieurs se laissaient envahir par l'inquiétude, au moins pour leur avenir que rien ne semblait garantir. C'est alors que le saint relevait les âmes abattues et fortifiait les cœurs par l'esprit de renoncement. « Homme de peu de foi, disait-il, vous prescrivez, par votre peu de confiance, des bornes à une bonté qui n'en a pas.... Vous cherchez de l'assurance, ne l'avez-vous pas dans l'Évangile?... Pouvez-vous croire que celui auquel vous consacrez votre jeunesse et auquel vous dédiez vos travaux vous abandonne dans votre vieillesse et vous laisse traîner dans la misère une vie employée à son service ? Ranimez donc votre confiance en une bonté infinie, et faites-lui honneur en lui abandonnant le soin de vos personnes. Sans trouble sur le présent, sans inquiétude sur l'avenir, n'étendez vos soins qu'au moment que vous avez à vivre, et ne chargez pas le jour qui coule des prévoyances du jour qui suit. Ce qui vous manquera le soir, le lendemain vous le procurera, si vous savez espérer en Dieu. Dieu fera plutôt des miracles que de vous laisser manquer. Après la parole de Jésus-Christ, je vous en donne pour preuve l'expérience de tous les saints. Les miracles de la Providence sont journaliers, et ils ne cessent qu'à l'égard de ceux qui s'en défient. »

Ils ne se laissaient guère qu'à demi persuader,

comparant assez naïvement la quiétude de vie d'un riche chanoine et la précarité de leur pauvre existence. De son côté, M. de la Salle sentait confusément qu'il n'attacherait les maîtres à la tâche ingrate des écoles chrétiennes et gratuites, qu'à la condition de la leur présenter comme un apostolat et de leur donner la vie religieuse, avec les pieux élans qui relèvent l'humaine nature, les mérites et les grâces qui la soutiennent. Et pour leur faire accepter la pauvreté, il faut devenir pauvre comme eux. Mais à son tour le doute et la prévoyance l'inquiètent : se dépouiller de son canonicat et renoncer à son patrimoine, n'est-ce pas priver l'œuvre naissante des seules ressources qui puissent la faire vivre ? Ne doit-il pas consacrer sa fortune personnelle à des fondations d'écoles et vivre avec les maîtres du revenu de sa prébende ? Hésitant et anxieux il demande encore une fois conseil au P. Barré. La décision est catégorique ; il semble que ses propres exhortations au renoncement lui reviennent comme un écho : « Ceux qui, comme vous, se destinent à instruire et à catéchiser les pauvres, ne doivent point avoir d'autre partage sur la terre que celui du Fils de l'homme. Ainsi, non seulement vous devez vous dépouiller de tous vos biens, mais encore renoncer à votre bénéfice, et vivre dans un abandon général de tout ce qui pourrait partager votre attention à procurer la gloire de Dieu. »

Un peu étonné d'abord, mais attiré par le sacrifice, et mûrissant cette pensée dans la prière et la méditation, M. de la Salle arriva vite à se convaincre qu'il ne pouvait plus parler de renoncement et de pauvreté s'il n'en donnait l'exemple, et qu'il ne saurait, sans cet appel aux vertus d'apostolat, empêcher l'action lente de la désaffection, puis de la désertion, entraînant l'abandon graduel des écoles et la chute irrémédiable de l'œuvre entière. En outre, et de plus en plus, il lui paraissait impossible de concilier, sans les trahir à la fois, les obligations d'assiduité et de régularité que lui imposaient et le canonicat à la cathédrale, et la direction à la communauté. Dans cette grave occurrence, il se montre tel que nous le connaissons déjà : indécis par scrupule et soucieux de discerner ce que Dieu veut. Habitué à voir dans ses supérieurs les interprètes naturels de la volonté d'en haut, il demande conseil à son directeur, M. Callou, qui était à la tête du grand séminaire. Celui-ci cherche d'abord à le dissuader de rien abandonner, et lui propose plutôt d'imiter Nicolas Roland qui avait largement doté ses écoles : c'est pour elles qu'il faut conserver des ressources fort nécessaires.

D'autres influences, en même temps, contribuent à augmenter les perplexités de M. de la Salle. Sa famille, en effet, considérait ses projets comme une folie chez lui, et un déshonneur pour elle; aussi elle redoublait d'efforts pour le circonvenir et les lui faire abandonner. Mais à toutes les objurgations, il répond avec douceur : « Le pis aller, ce sera de demander l'aumône ; s'il le faut, nous le ferons ».

Une si patiente continuité dans les desseins triompha de toutes les difficultés. En juillet 1683, M. Callou donne enfin son assentiment ; mais il faut résigner le canonicat entre les mains de l'archevêque. M. de la Salle court à Paris, Maurice Le Tellier refuse de le recevoir. Il va du moins revoir Saint-

Sulpice et revivre ses souvenirs d'autrefois : retrouvant M. de la Barmondière et le P. Barré, il promet de revenir installer sa fondation et ses écoles sur la paroisse qui lui est chère, et, suivant E. Maillefer, « il laisse ses hardes comme un gage de sa parole ». Puis il retourne à Reims, où il lui faut essuyer encore plus d'un refus à l'archevêché avant que sa démission soit agréée en faveur de M. Faubert, prêtre d'origine fort modeste, mais vénéré pour ses vertus et son éloquence. Encore est-il en butte à mille instances, l'archevêque lui-même voulant le faire revenir sur sa décision, ou au moins n'accepter sa démission qu'au profit de son frère Louis. « Si mon frère n'était pas mon frère, dit-il au supérieur du séminaire, envoyé à cette fin par Maurice Le Tellier, je n'aurais aucune difficulté de le faire rentrer dans mon choix et de lui donner la préférence au-dessus de celui que j'ai nommé, pour satisfaire aux désirs de M. l'archevêque ; mais puis-je et dois-je me prêter à la voix de la nature et aux sollicitations qui l'appuient ? » — « A Dieu ne plaise, répond M. Callou, tout à fait vaincu, que je vous conseille de faire ce que tant de monde désire de vous. Mettez en exécution ce que l'Esprit de Dieu vous inspire. Ce conseil, contraire à celui que je vous apportais, est le sien ; c'est le seul qu'il faut écouter. » Ainsi fut fait, et le 16 août 1683 M. Faubert prend possession de son canonicat ; nous allons le voir pendant plusieurs années associé aux efforts de son généreux prédécesseur.

En renonçant à sa prébende et par suite à son rang pour devenir humble et pauvre et se donner sans retour aux écoles chrétiennes, M. de la Salle

vient d'accomplir un des actes les plus importants
de sa vie, un des plus combattus dans le présent, des
plus fructueux pour l'avenir, celui peut-être qui ca-
ractérise le mieux l'esprit de renoncement qui sera
la vitalité même de l'Institut. Désormais il a rompu
avec le monde et les honneurs; il ne lui reste plus
qu'à se défaire de son patrimoine, et ce sera chose
rapide avec les aumônes quotidiennes que sa charité
multiplie. Déchargé de ses obligations de chanoine,
M. de la Salle voulait tout d'abord remplir ses enga-
ments et transporter son Institut à Paris, où l'appe-
laient M. de la Barmondière pour le mettre à la tête
des écoles de charité de Saint-Sulpice, et le P. Barré
pour lui confier la congrégation des Frères de l'Enfant-Jésus qu'il essayait de fonder. Mais M. Callou
l'en dissuada disant avec force que l'Institut n'est pas
encore formé, il est seulement conçu et risque d'avor-
ter si on le transporte dans la capitale pour y prendre
naissance. Une plante a besoin de temps pour se
nourrir, se fortifier, pousser de bonnes racines: la
transplanter trop tôt, c'est la faire périr. Puis l'Institut n'est qu'un petit troupeau, d'une quinzaine de
sujets au plus, et déjà répartis entre Reims, Rethel,
Guise et Laon : les partager avec Paris, ce sera les
affaiblir encore. Enfin, des disciples qui ne sont
qu'aux premiers éléments de la vertu, ont un besoin
impérieux du maître qui les guide et les soutient
dans les voies de la spiritualité. Et si le directeur est
contraint de résider tantôt à Paris, tantôt à Reims,
toujours une partie du troupeau sera abandonnée
et fort exposée à s'égarer. A ces raisons si nettement
motivées, M. de la Salle dut céder, renonçant à son
projet : M. de la Barmondière n'y vit avec raison

qu'un ajournement; mais le P. Barré qui sentait sa fin prochaine, en fut inconsolable.

Bien qu'il fût résolu à se dépouiller de tous ses biens patrimoniaux, M. de la Salle hésitait sur leur emploi. Les réserver à ses écoles, c'était bien toujours les attribuer aux pauvres ; Nicolas Roland avait donné pareil exemple; il semblait que ce fût le parti le plus sage, et la plupart de ses amis le poussaient à l'adopter. Mais le P. Barré avait en toute circonstance fortement recommandé de s'en remettre en entier à la Providence : consulté à nouveau, il répéta qu'il fallait pousser jusqu'à l'héroïsme la confiance en Dieu et abandonner tout pour le soulagement des pauvres, sans rien retenir pour la communauté. M. de la Salle inclinait plutôt à suivre cet avis qui répondait aux élans de son âme vers le sacrifice. L'extrême famine de 1684 fut l'incident décisif.

La transformation des moyens de transport et le grand commerce international des blés qui en a été l'une des conséquences, étaient choses inconnues dans la France d'autrefois. Incontestablement, le plus grand avantage de ces progrès récents, c'est d'avoir mis fin aux maux provoqués par l'insuffisance accidentelle des récoltes. Alors, comme de nos jours encore dans l'intérieur de la Russie, on n'avait pour alimenter la consommation que les moissons locales, avec les réserves entretenues dans les greniers publics par la prévoyance des gouvernements. Si les premières venaient à manquer dans toute l'étendue d'une vaste région, les secondes étaient vite épuisées, et l'absence de moyens de transport ne permettant pas au commerce d'intervenir et de renouveler les approvisionnements, la famine sévissait avec toutes ses horreurs. Il en fut ainsi en 1684 dans une large partie de la France, et la Champagne était livrée aux misères de la faim. M. de la Salle réalisa tous ses biens, sauf une chétive rente de deux cents livres que son directeur l'avait obligé à conserver. Il en distribua le prix en aumônes, à raison de 1000 livres environ par jour : d'abord aux enfants des écoles auxquels il donnait du pain ; puis aux pauvres honteux qu'il recherchait avec soin et secourait discrètement ; aux malheureux, enfin, qu'il rassemblait chez lui ; causant avec eux, leur faisant le catéchisme et les nourrissant ; parfois même, quand il eut tout donné, il alla mendier pour eux.

Une charité si extrême fut admirée de tous. Chose remarquable, l'ancienne société était plus sensible à ce qui touche le rang héréditaire et la culture intellectuelle qu'à ce qui concerne seulement la fortune et l'argent. Ainsi beaucoup de ceux qui avaient violemment blâmé le chanoine de quitter le milieu choisi où il était appelé à vivre, pour se consacrer à de pauvres maîtres, le louèrent de s'être dépouillé jusqu'au dénuement. Quant à lui, affranchi enfin de la richesse qui lui pesait, il obéissait avec joie à l'esprit de pauvreté, donnant en tout l'exemple, pour la nourriture, le logement, le vêtement, recherchant de préférence ce que le monde tient pour vil et humiliant, et se plaisant à dire : « Tout est bon pour un pauvre prêtre ». De même, pour les disciples qu'il s'efforçait de former, il fallait avant tout les détacher des intérêts du siècle : « Nous n'avons pas quitté le monde pour nous y conformer, mais pour le mépriser avec ses maximes. »

Tel est le fondement inébranlable sur lequel il asseoit son œuvre d'apostolat populaire. Pour être près du peuple, il faut que les maîtres soient pauvres comme lui. Pour apporter à l'accomplissement de leur tâche ingrate un zèle sans bornes et sans défaillances, il faut qu'ils soient poussés et soutenus par une conception très haute de leur mission. Seul, l'état de pauvreté la leur donnera. Par l'entier détachement des choses temporelles, par l'abandon complet à la volonté divine, l'Institut élèvera ces âmes simples, les pliera à la pratique de la vertu, fortifiera leur piété contre le relâchement, et empêchera les épreuves de lasser leur dévouement. Aussi dans ses entretiens et ses lettres, M. de la Salle renouvelle sans cesse ses exhortations; il les prolonge dans ses *Méditations* ; il les répète dans ses *Sermons*, et toute sa vie ce sera l'idée maîtresse qu'il s'efforcera de graver dans les esprits et les cœurs. « Souvenez-vous, disait-il, que vous n'êtes pas venus en communauté pour avoir toutes vos aises, mais pour embrasser l'état de pauvreté avec ses incommodités. Vous êtes pauvres, dites-vous ; que cette parole me plaît ! Car dire que vous êtes pauvres, c'est dire que vous êtes heureux. » — « Tant que vous serez attachés de cœur à la pauvreté, vous ferez du fruit dans les âmes ; les anges de Dieu vous feront connaître et inspireront aux pères et aux mères de vous envoyer leurs enfants pour être instruits ; par vos instructions mêmes, vous toucherez le cœur de ces pauvres enfants, et la plupart deviendront de véritables chrétiens. » — « Plus vous vous abandonnerez à Dieu au regard du temporel, plus il aura soin de vous le procurer. Si, au contraire, vous voulez vous-mêmes y pourvoir, sa Providence vous en laissera le soin, et il pourra souvent arriver que le nécessaire même vous manque : Dieu voulant vous punir ainsi de votre peu de foi et de votre défiance[1]. »

Un complet abandon à Dieu n'excluait pas de sa part une sage et prévoyante prudence. C'est ainsi qu'il n'accordait de maîtres pour une classe que si la modeste rente nécessaire à leur subsistance était convenablement garantie. De même dans la gestion financière d'une école, il ne tolérait ni avances, ni désordres. « Ne vous engagez plus sans moi, écrit-il à un Frère qui avait trop vite dépensé, car je serais très mécontent de dettes. Je n'en veux plus, et je n'en ay jamais ny voulu ny souffert dans aucune de nos maisons, et il n'y a rien dont j'aye plus d'horreur. C'est pourquoy ne comptez plus jamais sur moy pour des dettes, car je n'en écouteray jamais la moindre proposition. Je veux voir devant moy pour la dépense, et non pas derrière[2]. »

Transformés peu à peu par ces enseignements répétés, les maîtres groupés à la maison de la rue Neuve envisageaient leur mission, non point comme un emploi qui mérite des gages, mais comme un apostolat qui honore Dieu et sert les pauvres. Pour constituer définitivement la communauté, il n'y avait plus qu'à les confirmer dans leurs dispositions, en les séparant du monde et les unissant entre eux par une règle, un habit, et des vœux. Ce fut l'objet de la première assemblée de l'Institut qui commença

1. *Méditations pour les principales fêtes de l'année.*
2. *Lettres*, c. 53.

le 9 mai 1684. Elle comprit une longue retraite de dix-sept jours, et, après plusieurs journées de libres délibérations, elle s'acheva le 27 mai, jour de la Trinité. Pour la règle, il fut reconnu qu'il fallait la pratiquer longtemps et l'amender par l'expérience avant de la fixer par écrit ; on se borna donc à rappeler les règlements habituels, et, de fait, M. de la Salle ne les formula en règle que onze ans plus tard. Pour l'habit, on en admit la nécessité mais sans arrêter de choix. Pour les vœux, la ferveur portait les maîtres à prononcer à jamais les trois vœux de religion : pauvreté, chasteté, obéissance. Sans décourager leur ardeur, mais pour éviter les regrets ou les défaillances, M. de la Salle, avec une prudente modération, les amena à prescrire un seul vœu, celui d'obéissance, et pour une seule année, mais renouvelable tous les ans au jour de la Trinité. Touchante fut la cérémonie célébrée dans la modeste chapelle de la rue Neuve, et dans laquelle les douze premiers religieux, au pied des autels, répétèrent la formule du vœu après le saint fondateur. L'an d'après, huit seulement vinrent les renouveler ; les quatre autres préférèrent rentrer dans le monde, justifiant ainsi par leur exemple, la prudence avec laquelle M. de la Salle n'acceptait encore que des engagements temporaires. Depuis 1684, le jour de la Trinité est fêté par l'Institut avec une particulière solennité.

La question du costume se trouva résolue pendant l'hiver presque par hasard. Pour abriter les maîtres contre les intempéries durant un froid rigoureux, il fut naturel de leur donner la capote, sorte de manteau à manches flottantes, que portaient les paysans de la Champagne. M. de la Salle y joignit la soutane, aussi en serge noire, fermée par des agrafes de fer; il ajouta le rabat blanc, le tricorne plat à larges bords et les gros souliers des hommes du peuple. Avec cet humble costume, il fallait une appellation modeste. M. de la Salle fit accepter à ses disciples celle de Frères des Écoles chrétiennes. En même temps, et pour mieux marquer qu'ils se séparaient du monde en entrant à l'Institut, les Frères quittèrent dès lors leur nom personnel pour prendre avec la robe un nom de religion. Dans les premiers temps l'habit si pauvre que le fondateur, malgré la situation qu'occupait à Reims sa famille, avait aussitôt revêtu avec les Frères, paraissait étrange, misérable et ridicule. Souvent ceux qui le portaient eurent à supporter mainte humiliation. Et cependant les siècles ont passé, les splendeurs se sont évanouies, tout a changé, tout, excepté la robe noire du Frère des Écoles, et la robe grise de la Fille de la Charité. Toujours elles sont au premier rang quand il faut combattre l'ignorance chez l'enfant, soulager la douleur des malades ou disputer les mourants aux épidémies. Partout on les salue avec respect, au milieu des infidèles comme parmi les sauvages; parfois seulement, au mépris de la souffrance et de la faiblesse des petits, les politiciens les chassent et les insultent dans les sociétés qui, pour avoir répudié l'Evangile, rétrogradent vers leurs bas-fonds.

Unie et fortifiée par le vœu d'obéissance, la petite communauté, durant ses premières années, prit à tâche de se régler mieux encore sur les exemples de son fondateur. Pour celui-ci la prière, longue et intense, était le solide appui de la vie quotidienne et le recours consolant dans les difficiles incertitudes.

Souvent il prolongeait la nuit ses oraisons, soit dans un petit réduit fort pauvre, caché sous les toits, glacial en hiver, brûlant en été ; soit auprès du tombeau du patron de Reims pour lequel il avait une particulière dévotion. C'est ainsi que chaque vendredi soir il se faisait enfermer dans l'église Saint-Remy pour y prier jusqu'au jour. Quelquefois, pour se mieux envelopper de solitude et de silence, cherchant à dérober sa trace, il allait jusqu'à Louviers chez les Carmes déchaussés, au « saint désert de la Garde-Châtel ». A force d'austérités et de mortifications, il triompha des résistances de la nature : du sommeil qui l'accablait d'abord et auquel il mesura petitement sa part ; surtout d'une santé qui, délicate, se refusait à la nourriture grossière de la communauté et qu'il n'y put dresser que par le jeûne et la faim. Les macérations inquiétaient ses amis et leur semblaient excessives. « Il a traité son corps avec trop de rigueur, disait un de ses proches ; et il devra, comme saint François, lui demander pardon à la mort de tout le mal qu'il lui a fait pendant la vie. Il s'est fait le tyran d'un corps qui avait été élevé avec des soins extrêmes, car jamais enfant n'a été si délicatement traité. »

Mais l'humilité était par excellence la vertu qu'il prêchait d'exemple. Doux et affable même pour les importuns du dehors, vêtu d'habits usés et rapiécés, recherchant au lieu de les fuir les travaux pénibles et humiliants, il voulut en 1686 résigner ses fonctions de supérieur, et obtint de la déférence respectueuse des Frères qu'ils lui nommassent un successeur. Ils choisirent pour le remplacer le F. Henri Lheureux, « sage, modeste, humble et solidement

vertueux ». Avec une vraie joie M. de la Salle se
faisait obéissant devant ce jeune Frère qui pourtant
n'était point prêtre. Mais l'autorité religieuse s'émut justement d'une condition si anormale : à la
grande satisfaction de tous les Frères, elle annula
l'élection et obligea le fondateur à reprendre la direction de la communauté.

De tels exemples de sainteté inspiraient à tous
ceux qui les entrevoyaient une réelle vénération, en
même temps qu'ils exerçaient sur les Frères qui les
avaient sans cesse sous les yeux un irrésistible entrainement. Ceux-ci s'associaient aux pensées et aux
prières, aux mortifications et aux pénitences de leur
directeur bien-aimé. Quelques-uns au début se lassent et partent, mais d'autres arrivent, et non plus
seulement de pauvres maîtres cherchant une carrière
modeste : plusieurs appartiennent aux familles les
mieux posées de la région ; un bel avenir les attend,
mais ils l'abandonnent et, malgré les instances de
leurs proches, ils accourent à la communauté de la
rue Neuve pour se dévouer à l'apostolat de l'enfance
pauvre. Quelques-uns succombent à la peine, leurs
vingt ans n'étant pas assez robustes pour supporter et le dur régime et les fatigues redoublées. De
1681 à 1688, sur les quinze premiers Frères, six
au moins moururent prématurément bien avant
leur trentième année. Les premiers martyrs de l'Institut furent ainsi les Frères Jean-François, Bourlette
et Maurice. Leurs vertus eurent un grand ascendant
sur leurs condisciples, et leur souvenir demeure un
pieux stimulant pour leurs lointains successeurs.

L'œuvre de M. de la Salle était désormais fondée ;
elle s'était même déjà complétée par deux créations

fécondes. C'était d'abord un petit noviciat, avec une vie séparée sous une règle plus douce, pour préparer à leur mission une quinzaine de jeunes gens que leur âge ne permettait pas encore d'employer aux écoles. Choisis d'après leurs dispositions d'esprit et de piété, et aussi leurs propres inclinations, ils étaient reçus dès l'âge de quatorze ans, formés et instruits, et entraient plus tard, vers dix-sept ans, dans la communauté. C'était ensuite la plus ancienne de toutes les écoles normales. Ouverte en 1684, elle avait pour but de dresser des maîtres pour les écoles de campagne, car on ne pouvait songer de longtemps à donner des Frères pour les desservir, d'autant que très sagement M. de la Salle ne voulait point que ceux-ci fussent isolés et en dehors de la vie de communauté. Aussi, en réponse à l'affluence des demandes, il pria, à son tour, les curés des paroisses rurales de trier, pour les lui envoyer, des jeunes gens dont il se chargeait alors de faire des maîtres. Il lui en vint bientôt une trentaine. « Ils n'ont point d'autre habit, dit-il quelque part, que celuy qu'on porte ordinairement dans le monde; ils sont instruits à chanter, lire et écrire parfaitement, logez, nourris et blanchis gratuitement; et ensuite on les place dans quelque bourg ou village... et lorsqu'ils sont placez, ils n'ont aucun rapport avec la communauté, sinon de bienséance. » ...Mais ils ont appris des Frères, sous les yeux du saint, la piété et le dévouement; retournés dans leurs paroisses, ils y rapportent le culte de ces vertus pour guider leur mission [1].

---

1. Une seconde école normale, essayée sans succès à

L'Institut fondé à Reims apparaît dès lors comme un organisme complet dont le ressort puissant est l'esprit de pauvreté : la communauté, le petit noviciat, l'école normale comptent ensemble une soixantaine de personnes, et tout autour, un réseau d'écoles presque toutes dans le diocèse. Cette tâche terminée, toujours obsédé par le souvenir de la promesse faite jadis à M. de la Barmondière, M. de la Salle pensa que l'heure était venue de la remplir. Il sentait que son œuvre, pour se répandre à travers le royaume entier, et produire tout le fruit que la Providence en attendait, ne devait point paraître attachée au diocèse de Reims : il fallait l'établir à Paris. D'ailleurs les instances ne s'étaient pas ralenties; elles devenaient même encore plus pressantes depuis que Louis de la Salle était au séminaire de Saint-Sulpice. L'archevêque tenta bien d'abord de retenir par de riches donations une œuvre si justement vénérée; mais ce fut en vain, et il comprit vite qu'il semblait être dans les desseins divins que l'Institut se transportât à Paris.

Après avoir confié la communauté de Reims au Frère Henri Lheureux, et placé ses meilleurs collaborateurs à la tête des diverses écoles, M. de la Salle avec deux Frères partit à pied pour la capitale. Il y arriva le 24 février 1688. Dans un milieu tout nouveau, il va en quelque sorte créer une œuvre nouvelle, au prix d'efforts et de douleurs par lesquels Dieu l'éprouvera.

Rethel par les soins de M. de la Salle et les libéralités du duc de Mazarin, fut, dès l'année suivante, réalisée par eux à Reuwez dans le diocèse de Laon.

CHAPITRE V

LES ÉCOLES DE SAINT-SULPICE. — LA MÉTHODE PÉDAGOGIQUE

(1688-1691)

L'enseignement primaire existait à cette époque un peu partout. A Paris, écoles et maîtres se trouvaient en grand nombre, M. de la Salle et ses Frères devaient surtout avoir peine à s'y faire une place. C'est dans les « petites écoles » que cette instruction élémentaire était distribuée sous l'entière autorité du chantre de Notre-Dame. On comptait 167 quartiers dans Paris et, dans chacun, une classe de garçons et une de filles; en tout 334 maîtres et maîtresses groupés en corporation. Mais à côté il y avait bien des concurrences. C'étaient d'abord les « écoles buissonnières », ouvertes maintenant de toutes parts dans la ville par des maîtres étrangers à la corporation et soustraits à toute surveillance, comme jadis elles étaient tenues dans les champs, le long des haies, par les protestants. Puis les écoles annexées aux pensions ou collèges pour préparer leurs élèves par des classes élémentaires; de là de grandes querelles entre l'Université et le chantre qui, par représaille, ajoute aux petites écoles des classes supérieures. Enfin, venaient les « maîtres écrivains », qui, privés d'une grande partie de leurs ressources par la diffusion de l'imprimerie, s'étaient mis à enseigner l'écriture et prenaient aux petites écoles une partie de leurs élèves. Plus d'une fois le Parlement dut intervenir, confirmant aux « écrivains » le privilège de s'intituler maîtres d'écriture, et prescrivant jusqu'à la longueur, la nature ou la forme des modèles dont on pourrait faire usage dans les autres classes pour apprendre à écrire. C'est que toutes les écoles étaient payantes, la rétribution des élèves faisait le traitement des maîtres, et la clientèle devait, on le conçoit, être fort disputée entre eux. La gratuité elle-même devenait une cause de conflits. En principe les enfants pauvres avaient leurs places gratuites dans les petites écoles, mais en fait, très peu y allaient et les autres vagabondaient. Aussi, la plupart des curés de Paris avaient-ils ouvert des « écoles de charité » pour instruire les indigents de leur paroisse. Mais ils eurent aussitôt contre eux tous les autres maîtres qui prétendaient qu'on leur enlevait ainsi une foule d'écoliers fort capables d'acquitter la contribution scolaire. Cette querelle dura jusqu'en 1699 et se termina par un compromis qui laissait au chantre une espèce de suprématie nominale et donnait réellement aux curés la complète direction des « écoles de charité ».

 La paroisse Saint-Sulpice, où arrivait J.-B. de la Salle, offrait les mêmes conditions générales avec ses dix-sept quartiers et ses trente-quatre « petites écoles », ses pensions, ses maîtres « buissonniers » ou « écrivains », et enfin ses » écoles de charité ».
M. Olier avait donné à celles-ci un soin particu-

lier : dès 1652 la paroisse, divisée en sept sections pour l'assitance des pauvres, comptait dans chacune d'elles une école gratuite placée sous le patronage direct de l'assemblée de charité et ne recevant que les enfants vraiment pauvres de la circonscription. Mais les aumônes furent insuffisantes, et en 1688, il ne restait plus qu'une seule école de charité, située tout près de l'église, rue Princésse, dirigée par M. Compagnon, et groupant environ 200 enfants, tant dans les classes que dans un atelier de bonneterie.

Appelé par M. de la Barmondière à remettre tout en ordre dans cette école fort abandonnée, M. de la Salle vit s'ouvrir devant lui une période de rudes épreuves. Tout était obstacle : le délabrement des bâtiments, étroits et malsains, l'exiguïté des ressources, l'absence de toute discipline, l'oubli de la piété, l'irrégularité du travail dans les classes comme à l'atelier. Peu à peu, à force de labeurs, de privations et de prières — parfois M. de la Salle dut faire la classe lui-même — les choses revinrent en meilleure voie ; un Frère appelé de Reims remonta la petite usine où l'on dressait les enfants au travail manuel. Mais ces succès mêmes excitèrent chez M. Compagnon une mauvaise humeur d'abord, puis une opposition sourde, enfin une hostilité ouverte. On ameute contre ces nouveaux venus jusqu'aux dames de charité de la paroisse, et M. de la Barmondière circonvenu se décide un jour à renvoyer M. de la Salle à Reims. Tout semble perdu, mais le saint désarme ses adversaires par la sérénité de sa résignation à la volonté de Dieu. Le curé hésite, recule, annonce qu'il veut réfléchir : « Il y pensera

bien encore trois ans avant de rien changer, dit
M. Baudrand; ainsi demeurez en repos. » Ce ne fut
encore qu'un répit. De nouvelles calomnies portent
M. de la Barmondière à faire faire une sévère enquête par M. de Forbin Janson, qui plus tard devait
être archevêque d'Arles. Elle fut une complète justification et des Frères et de leur fondateur, dont
l'œuvre eut au moins une année de fécond et tranquille développement. M. Baudrand, qui était le
directeur vénéré de M. de la Salle, avait remplacé
M. de la Barmondière à la cure de Saint-Sulpice dès
le 7 janvier 1689. Un an après s'ouvrit, rue du Bac,
une seconde école qui nécessita le concours d'autres
Frères de Reims. Tout à coup s'élevèrent des difficultés inattendues : le costume des Frères paraissait
étrange, les paroissiens s'offusquaient de les voir
ainsi accoutrés, et M. Baudrand entreprit de leur
faire abandonner la robe et la capote. Pour triompher de cette prétention qui lui paraissait si domma-
geable, il fallut toute la douce ténacité du fondateur.
Il écrivit à ce propos un *Mémoire* éloquent, définis-
sant avec humilité la communauté des écoles chrétiennes, décrivant l'habit adopté, insistant sur les
inconvénients du changement en général et particulièrement pour les Frères dont l'habit est en
usage depuis cinq ans, rappelant enfin comment
« M. Vincent a jugé qu'un habit singulier (spécial),
en quelque manière, estait nécessaire pour retenir
les sujets dans sa congrégation », et soutenant enfin
qu'à plus forte raison cela est indispensable « dans
une communauté dont les sujets sont sans étude et
sans lumière ». M. Tronson, alors supérieur de Saint-
Sulpice, approuva et soutint J.-B. de la Salle. On

composa : les Frères gardèrent leur robe, et leur supérieur reprit l'habit ecclésiastique.

D'autres embarras, moins intimes mais plus bruyants, vinrent encore entraver le progrès des écoles de charité. Par la régularité, non moins que par la gratuité, par la piété des maîtres, et par la tenue des enfants, elles gagnaient la sympathie des familles et attiraient les écoliers aux dépens des petites écoles. Les maîtres de celles-ci se réunirent, firent saisir les meubles des écoles gratuites et assignèrent les Frères devant le chantre de Notre-Dame, Claude Joly. Gardien fidèle des privilèges de la corporation, l'écolâtre condamna J.-B. de la Salle et ordonna la fermeture des écoles de Saint-Sulpice. Toujours résigné, le saint se fût humilié sous l'épreuve, s'il n'avait pas senti l'obligation de défendre ici la cause des pauvres et de soutenir l'œuvre à laquelle il avait déjà tant sacrifié. Il fit avec tous les Frères un pèlerinage à Notre-Dame des Vertus, sanctuaire vénéré, où venaient prier souvent, au début du siècle, le cardinal de Bérulle, saint Vincent de Paul et M. Olier, dans cette petite église d'Aubervilliers qu'une profanation récente a dévastée. L'appel fut porté au Parlement ; M. de la Salle s'y défendit lui-même, il obtint gain de cause et les écoles furent rouvertes.

Entrons les visiter en cette année 1691 où elles viennent de reprendre leur marche normale. Dès l'abord on est surpris d'y voir régner, avec l'ordre et la régularité, une organisation qui tranche fort avec celle des petites écoles. Sommes-nous dans les nouvelles classes de la rue du Bac, près du pont

Royal : c'est cent vingt écoliers qui, divisés en deux classes, sont instruits par deux maîtres. Si nous allons jusqu'à Saint-Sulpice, à l'école plus ancienne et plus importante de la rue Princesse, nous trouvons trois cents enfants répartis en quatre classes avec autant de maîtres. Pénétrons-nous au contraire dans l'une quelconque des petites écoles de la paroisse, nous verrons partout un maître pour dix ou douze élèves au plus. La raison de cette différence, c'est que J.-B. de la Salle, qui pour tout ce qui concerne l'enseignement populaire a été un précurseur, a mis ici en œuvre des méthodes pédagogiques nouvelles. Jusqu'alors on faisait l'enseignement *individuel* : le maître prenait successivement chaque écolier pour lui ouvrir l'esprit, lui expliquer sa leçon, la lui faire répéter, lui apprendre à travailler. Ces procédés absorbaient tout le temps du maître pour quelques élèves, usaient sa patience par de fastidieuses répétitions, gênaient les écoliers entre eux et les dressaient mal à l'effort personnel. En outre le grand nombre des maîtres rendait fort difficile, sinon impossible, un recrutement convenable, d'autant plus que le partage des écoliers en si petits groupes réduisait, dans chacun d'eux, à une somme très minime le montant des rétributions scolaires. Aussi s'explique-t-on aisément les plaintes incessantes contre l'incapacité notoire de la plupart des hommes préposés à l'éducation de l'enfance.

On avait bien, il est vrai, et dès le commencement du XVIIe siècle, essayé de l'enseignement *mutuel* dont on a fait tant de bruit, il y a soixante ans encore, en le présentant comme une nouveauté sous le nom de méthode de Lancastre. Pour soulager le maître on le faisait suppléer, auprès des débutants de divers degrés, par une hiérarchie d'élèves déjà un peu instruits. Mais tous ces « moniteurs » employaient sans réels profits pour eux-mêmes les heures ainsi occupées, et les explications qu'ils donnaient ne valaient jamais celles qu'ils avaient reçues et plus ou moins bien comprises et retenues. Si la tâche du maître était allégée de façon à lui permettre de suffire à une classe nombreuse, en revanche, il y avait beaucoup de temps perdu et peu de progrès réalisés[1].

J.-B. de la Salle, nous l'avons dit déjà, a fait mieux que de créer l'enseignement populaire : il l'a

---

1. Aux premiers temps de la Monarchie de Juillet, l'engouement pour l'enseignement mutuel fut extrême : toutes les faveurs administratives lui étaient réservées ; des associations libres s'étaient fondées pour le propager et l'Institut des Frères, pour être resté attaché à la méthode de son fondateur, fut menacé de perdre le bénéfice de toute existence légale. Mais les écoles chrétiennes se défendirent par leurs succès et la supériorité des résultats finit par convaincre les adversaires les plus passionnés. « L'Institut des Frères, dit le *Dictionnaire de Pédagogie*, put se féliciter d'être resté obstinément fidèle aux prescriptions de J.-B. de la Salle, lorsqu'en 1836, rendant compte de ses études sur l'enseignement primaire en Hollande, M. Cousin rapporta le jugement des autorités scolaires d'Amsterdam : « Nous regardons l'enseignement mutuel comme une méthode absolument insuffisante. » — « Il est assez curieux, continuait M. Cousin, d'entendre à Amsterdam un ministre protestant, un quaker et un philosophe s'accordant à faire l'éloge de ces pauvres Frères qui font tant de bien et qu'un fanatisme d'un nouveau genre essaye en vain de flétrir. » (V. la déposition de F. Justinus devant la Commission de l'enseignement, mars 1899.)

trouvé faible et l'a rendu fort. Il lui a donné des maîtres dévoués et une méthode féconde qui est restée après lui comme les programmes qu'il avait arrêtés : c'est l'enseignement *simultané*. Là, le maître s'adresse à tous les élèves à la fois, avec de minutieuses précautions pour que chacun écoute et suive avec une attention soutenue. Il en découle aussitôt une heureuse innovation : les écoliers sont répartis, suivant leur âge et leurs progrès, en classes séparées, dirigées par autant de maîtres. Chaque classe à son tour comprend plusieurs sections, le maître s'occupe successivement de chacune d'elles pendant que les autres sont surveillées par les élèves les plus avancés. C'est peu à peu, à travers la pratique et les tâtonnements, que J.-B. de la Salle a été amené par l'expérience à ce compromis qui conserve quelque chose du système mutuel, mais en laissant à l'enseignement du maître toute sa force éducative. Plus tard il formulera sa méthode et ses préceptes dans un livre admirable *la Conduite des écoles*, mais ce ne sera qu'après les avoir en quelque façon vécus, longtemps médités, discutés et amendés avec les Frères qui les appliquent sous ses yeux. Tout y est prévu. « Pendant qu'on lira, tous les autres de la même leçon suivent dans leur livre qu'ils doivent toujours avoir en main. Le maître veillera avec un très grand soin à ce que tous lisent bas ce que le lecteur lira haut, et fera de temps en temps lire à quelques-uns quelques mots en passant, pour les surprendre et reconnaître s'ils suivent effectivement. Il doit avoir un grand soin que celui qui lit prononce si nettement que tous les autres puissent facilement entendre. » C'est surtout par des interrogations, en provoquant des explications, que le maître doit ouvrir l'esprit de l'élève, faire travailler sa réflexion, former son jugement, le forcer à trouver lui-même la réponse. M. de la Salle, en effet, recommande d'enseigner par raison, c'est-à-dire en faisant faire aux élèves une étude réfléchie des idées exprimées par les mots ; il veut qu'on les exerce à chercher eux-mêmes et à découvrir les vérités qu'on veut leur faire acquérir : « Que le Frère se garde d'aider trop facilement les élèves à répondre aux questions qui leur sont posées ; mais qu'il les habitue à chercher avec ardeur ce qu'il sait qu'ils peuvent trouver eux-mêmes. Il leur persuadera qu'ils retiendront mieux les connaissances qu'ils auront acquises par un effort persévérant. Il ne se contentera pas de leur donner l'énoncé des questions ou des problèmes qu'ils auront à résoudre, il les obligera à en inventer d'autres eux-mêmes, suivant leur capacité »[1]. L'enseignement simultané ainsi complété par les procédés socratiques, qui, sans négliger l'utile culture de la mémoire, visent surtout au développement raisonné de l'intelligence, assura vite aux élèves des Frères une rapidité de progrès que ne connaissaient pas les petites écoles.

Une autre réforme ne fut pas moins heureuse. L'usage voulait alors qu'on apprît à lire aux enfants en latin et non en français. Un ouvrage pédagogique qui était dans toute sa vogue et auquel J.-B. de la

1. « La vérité est que l'esprit de l'enfant, comme les membres eux-mêmes, se développe par son propre exercice et non par une action extérieure. — Ce que le maître fait, disait Mgr Dupanloup, n'est rien ; ce qu'il fait faire est tout. » (R. P. Burnichon, *Du lycée au couvent*, p. 192.)

Salle a beaucoup emprunté, l'*Escole paroissiale*, préconisait fortement l'emploi du latin. Était-ce une inconsciente survivance du temps où les écoles formaient surtout des clercs et des chantres? Était-ce, comme on le disait, parce que la prononciation, conventionnelle dans une langue morte, était plus régulière et plus facile que dans notre idiome avec ses lois phonétiques vivantes? Toujours est-il que la lecture en latin aurait tout au plus été admissible pour ceux qui devaient aborder plus tard les études classiques; mais, dans les écoles de charité, elle augmentait sans raison le labeur de ceux qui ne devaient jamais user que du français. Aussi M. de la Salle, qui d'ailleurs avait gardé un amer souvenir des rebutantes difficultés du manuel de Despautère, voulut résolument faire ce que les Ecoles de Port-Royal avaient tenté dans leur éphémère existence. Il rencontra des résistances opiniâtres, et ce n'est qu'après de longs combats qu'il en put triompher. « Le premier livre, dit-il, dans lequel les écoliers apprendront à lire dans les écoles chrétiennes, sera rempli de toutes sortes de syllabes françaises. » Et plus loin : « Le livre dans lequel on apprendra à lire dans le latin sera le *Psautier*; on ne mettra dans cette leçon que ceux qui sauront parfaitement lire dans le français ». Le fondateur de l'Institut, ainsi que l'a dit un maître compétent[1], a donc donné à l'instruction populaire

---

1. Eugène Rendu, inspecteur général de l'enseignement primaire : *Frères des Écoles chrétiennes*, article du *Dictionnaire de pédagogie et d'instruction primaire*, publié par M. Buisson. — L'auteur de l'article ajoute : « C'est sans doute à cause de cette *ignorance* voulue et systématique de la langue latine que les disciples de l'abbé de la Salle ont été désignés sou-

sa langue naturelle ; et cette lutte prolongée contre l'idiome des érudits et des clercs, au profit de la langue nationale, explique cette prescription absolue insérée dans les statuts de l'ordre : « Les Frères qui auront appris la langue latine n'en feront aucun usage dès qu'ils seront entrés dans la société. Il ne sera permis à aucun Frère d'enseigner le latin à qui que ce soit. » Au surplus l'expérience justifia très vite la réforme accomplie par M. de la Salle : en deux ans d'études, les Frères obtinrent couramment les résultats qui exigeaient quatre ou cinq années quand on devait traverser d'abord la lecture latine.

Moins incomplet, plus coordonné et surtout mieux suivi que celui des petites écoles, le programme qu'élabore M. de la Salle est déjà celui que, cent cinquante ans plus tard, adoptera notre loi du 28 juin 1833 sur l'enseignement primaire. Après la lecture dans les livres imprimés ou manuscrits, ou dans le *Psautier*, c'est l'écriture, particulièrement soignée sous toutes ses formes, avec l'orthographe, la grammaire et même la composition, car on habituait les élèves à reproduire ce qu'ils avaient retenu du catéchisme. On les dressait aussi à rédiger les actes usuels : promesses, quittances, procurations, baux, obligations, procès-verbaux, etc. Une grande place était donnée au calcul, « tant au jet qu'à la plume », ce qui veut dire que pour faire des calculs toujours assez compliqués avec les nombres complexes (par exemple, livres, sols et deniers), les élèves tantôt

---

vent par le nom de Frères *ignorantins*, porté à l'origine par les Frères de Saint-Jean de Dieu ».

se servaient de jetons, tantôt faisaient les opérations sur le papier.

Ce qui a donné à la pédagogie nouvelle son efficacité, ce qui a permis de suivre les programmes dans leur entier, ce qui a rendu les progrès rapides, c'est l'ordre et la régularité introduites par les Frères dans la conduite journalière des écoles. Toujours M. de la Salle a fait de l'observation ponctuelle d'une règle la base de son œuvre, qu'il s'agisse de la formation des maîtres ou de l'instruction des élèves. Pour des enfants surtout, on ne saurait se passer d'une discipline douce, mais ferme. L'entrée et la sortie ont lieu à heure fixe, et se font posément, avec le recueillement d'une courte prière devant le crucifix de la classe et sous un sentiment de respect pour la présence de Dieu. Le silence est la garantie de l'ordre, et le maître en doit donner l'exemple : « Il veillera particulièrement sur luy même pour ne parler que très rarement et fort bas.... Quand il donnera quelque avis, il le fera toujours d'un ton médiocre.... Il ne parlera ny à aucun écolier en particulier, ny à tous en général, qu'il n'ait examiné ce qu'il aura à dire et qu'il ne l'ait jugé nécessaire. Lorsqu'il parlera, il le fera fort gravement et toujours en peu de mots. Il serait peu utile que le maistre s'appliquât à faire garder le silence aux écoliers, s'il ne le gardait luy même.... Son silence produira plus que toute autre chose un très grand ordre dans les écoles. » De là l'emploi du signal (petit instrument en fer) pour remplacer, autant que possible, par des signes convenus les commandements ou les avertissements parlés.

L'ordre, enfin, a pour sanction les punitions et les

récompenses. Au xviie siècle les mœurs comportent le recours aux corrections corporelles,

> Et la garde qui veille aux barrières du Louvre
> N'en défend point nos rois[1].

Il ne faut pas, dit la *Conduite des écoles*, que « sous prétexte d'avoir de la compassion pour les enfants, on leur laisse faire tout ce qu'ils veulent ; il arrivera de là qu'on aura des écoliers méchants, libertins et déréglés ». Mais la fermeté ne doit point dégénérer en dureté, et M. de la Salle réglemente avec beaucoup de ménagement l'emploi des punitions corporelles qui étaient alors en usage dans toutes les écoles. Le maître ne devra y recourir qu'après avoir épuisé tous les autres moyens d'action, et jamais sous le coup de l'émotion. Pour les récompenses, la *Conduite* recommande de les multiplier, d'encourager la piété, l'assiduité, le travail, de stimuler le zèle et l'effort, et de donner de préférence des objets tels que des livres, des images, des chapelets, qui rapportés au foyer familial entretiennent la ferveur des parents comme celle des enfants.

Le sentiment religieux est, en effet, celui que le saint veut avant tout faire germer et grandir dans

---

1. Henri IV écrivait à Mme Monglat, gouvernante du Dauphin, alors âgé de six ans : « Je me plains de vous, de ce que vous ne m'avez pas mandé que vous aviez fouetté mon fils ; car je veux et vous commande de le fouetter toutes les fois qu'il fera l'opiniâtre ou quelque chose de mal, sachant bien par moi-même qu'il n'y a rien au monde qui lui fasse plus de profit que cela ; ce que je reconnais par expérience m'avoir profité, car, étant de son âge, j'ai été fort fouetté ».

les jeunes âmes que l'éducation doit former. Les prières sont courtes mais fréquentes : le matin, le soir, avant et après les classes, à divers moments de la journée : « A chaque heure du jour on fera quelques courtes prières, qui serviront aux maîtres pour renouveler leur attention sur eux-mêmes et à la présence de Dieu, et aux écoliers pour les habituer à penser à Dieu de temps en temps durant le jour et les disposer à lui offrir toutes leurs actions ». Indépendamment de la messe à laquelle tous assistent chaque jour, la règle prescrit la perpétuité de la prière : « Il y aura toujours deux ou trois écoliers à genoux, un de chaque classe, qui réciteront le chapelet, tous les uns après les autres, dans un endroit de l'école disposé à cet effet et choisi par le Frère directeur ou inspecteur ». Tout naturellement large est la place faite à l'enseignement religieux qui seul rendra la prière solide et la piété forte. L'étude du catéchisme prend une demi-heure chaque jour et une heure au moins les dimanches et jours de fête. Sur ce point les recommandations sont d'une admirable sagacité : « Le maître ne parlera pas aux écoliers comme en prêchant; mais il les interrogera presque continuellement par plusieurs demandes et sous demandes; afin de leur faire comprendre ce qu'il leur enseignera, il interrogera plusieurs écoliers de suite sur une même question. Il ne se servira dans ses demandes que d'expressions simples et de mots très faciles à comprendre, et qui n'aient pas besoin d'explication, si cela se peut, et fera les demandes et réponses les plus courtes qu'il lui sera possible.... Il aura égard de parler fort peu et de beaucoup interroger. Il ne parlera que sur la matière qui est proposée pour ce jour et prendra garde de ne point s'égarer de son sujet. Il parlera toujours d'une manière grave et qui puisse inspirer du respect et de la retenue, et ne dira jamais rien de bas ny qui puisse exciter à rire. Il aura égard de ne point parler d'une manière molle, qui soit capable de causer du dégoût. Il ne manquera pas, dans chaque catéchisme, de donner quelques pratiques aux écoliers.... Il prendra garde de ne pas troubler le catéchisme par des répréhensions et corrections à contretemps. » Chaque jour on lit une courte réflexion, que le maître commente « selon la portée de ses escoliers, et durant l'espace d'un bon *Miserere* ». Ceci était de tradition, et Rollin raconte dans son *Traité des études* que les règlements de l'Université de Paris enjoignaient de tous temps aux maîtres de faire en sorte que les élèves ne passent pas un jour sans apprendre par cœur une ou deux maximes des Livres saints, « afin que les autres études fussent comme assaisonnées de ce divin suc ».

Comment ne pas admirer avec quelle sollicitude la nature de l'enfant est comprise et développée tout entière dans les écoles chrétiennes? La force, l'intelligence sont de grandes qualités sans doute, mais toutes deux d'ordre secondaire; ce qui fait l'homme et lui donne son rang en tête de la création, c'est sa valeur morale. La force est respectable quand elle est au service du juste; l'intelligence, quand elle s'emploie à défendre le vrai; mais l'une et l'autre ne peuvent qu'opprimer ou égarer dès que le sens moral cesse de les conduire[1]. Ainsi la tâche capitale

---

1. C'est une des vérités sur lesquelles Le Play a le plus

de l'éducation — celle-là même que nos contemporains ont supprimée en mutilant l'homme même — c'est de former l'enfant à la connaissance et à la pratique de la loi de Dieu. L'Institut n'a eu d'autre but : « C'est pour ce motif qu'on y tient des écoles, afin que, les enfants y étant sous la conduite des maîtres depuis le matin jusqu'au soir, ces maîtres leur puissent apprendre à bien vivre, en les instruisant des mystères de notre sainte religion, en leur inspirant les maximes chrétiennes, et ainsi leur donner l'éducation qui leur convient.... Ç'a été dans la vue de procurer ces avantages aux enfants des artisans et des pauvres, qu'on a institué les écoles chrétiennes. »

Beaucoup d'esprits autour de nous ont besoin de quelque effort pour se placer à ce point de vue élevé. Les sophistes de l'école de Rousseau nous ont répété qu'on perd son temps à enseigner la morale aux enfants. Le sens moral pousse chez eux, disait Thomas Jefferson, comme les jambes et les bras. Sans professer explicitement, avec les philosophes du xviii siècle, que l'enfant naît bon, qu'il pratiquera la vertu et possédera le bonheur dans la mesure où on l'affranchira de toute contrainte et de toute autorité pour l'abandonner à ses penchants

---

insisté (*la Réforme sociale en France*, ch. II, III, XLVII, etc.). De même Guizot disait dans la discussion de la loi de 1833 (séance du 2 mai) : « Le développement intellectuel, quand il est uni au développement moral et religieux, est excellent ; il devient un principe d'ordre, de règle, et il est en même temps une source de prospérité et de grandeur pour la nation. Mais le développement intellectuel tout seul, le développement intellectuel séparé du développement moral et religieux, devient un principe d'orgueil, d'insubordination, d'égoïsme et par conséquent de danger pour la société. »

naturels, insensiblement nous en sommes venus à agir en toutes choses comme si nous avions de telles convictions. On échappe si difficilement à l'influence de l'atmosphère qu'on respire, et les rhéteurs de 1789 ont tellement empoisonné la nôtre! Les idées en se modifiant réagissent peu à peu sur les mœurs ; de plus en plus ainsi la vie s'est orientée vers la satisfaction des instincts et le culte de la jouissance. Par suite, aussi, nous sommes portés à ne voir dans l'enseignement scolaire que le côté technique, une sorte d'apprentissage professionnel : on s'exerce à lire, écrire et compter; on étudie, même sans trop les comprendre, une foule de choses sur lesquelles on n'acquiert que peu de clartés; plus ou moins bien toutefois l'école développe l'intelligence, comme la gymnastique accroît la force, mais nous n'avons plus le souci constant de cultiver la valeur morale.

Nos pères obéissaient à une conception contraire. Ils n'avaient pas renié la tradition universelle du genre humain, ils ne tenaient pas pour rien l'expérience de toutes les mères et de tous les maîtres. Ils savaient que l'homme ne naît point bon ; que, petit enfant, il se montre apte au mal ; que les premiers mouvements de la nature ne sont point toujours droits et que l'éducation est indispensable pour les dresser. Alors la vie tout entière leur apparaissait comme un effort viril pour monter vers le bien par la discipline salutaire du devoir, sous les autorités gardiennes de la coutume et de la loi. N'est-ce point là d'ailleurs ce que répètent avec le plus d'insistance les préceptes de l'Ancien Testament : « Écoutez, mon fils, les instructions de votre père et n'abandonnez point la loi de votre mère. »

(*Proverbes*, I, 8.) — « Celui qui épargne la verge hait son fils : mais celui qui l'aime s'applique à le corriger. » (XIII, 24.) — « Châtiez votre fils tant qu'il y a espérance. » (XIX, 18.) — « La folie est liée au cœur de l'enfant et la verge de la discipline l'en chassera. » (XXII, 15.) — « N'épargnez point la correction à l'enfant ; car si vous le frappez avec la verge, il ne mourra point. » (XXIII, 13.) — « La verge et la correction donnent la sagesse ; mais l'enfant qui est abandonné à sa volonté couvre sa mère de confusion. » (XXIX, 15.) — « Élevez bien votre fils et il vous consolera et il deviendra les délices de votre âme. » (XXIX, 17.) — Page à page, l'histoire du peuple de Dieu est le dramatique commentaire de ces vérités, car Israël est récompensé ou puni selon qu'il observe ou viole la loi. Et la lecture des Saints Livres se faisait alors très assidûment au foyer domestique. « Au XVIIe siècle, disait Mgr d'Hulst, toutes ces règles (les prescriptions de l'Église relativement aux traductions et commentaires de la Bible) étaient connues et observées, et elles n'empêchaient pas nos grands sermonaires de faire de la Bible la source principale de leurs enseignements. Bourdaloue et Bossuet, suivant de loin les traces de saint Bernard, ont tellement tissé leurs discours de passages des livres saints, que pour les bien comprendre et surtout les goûter, il faut être déjà familier avec les Écritures. Un prédicateur qui, aujourd'hui, adopterait cette méthode, ne serait pas suivi ; et j'ai expérimenté, pour ma part, que lorsque dans la chaire on veut faire un usage fréquent de la Bible, il faut, à chaque fois, souligner l'emprunt et en expliquer le sens, faute de quoi la citation ou l'allusion passe inaperçue et fait tout au plus l'effet d'une anomalie de style au milieu du langage moderne de l'orateur[1]. »

On conçoit sans peine combien forte était l'empreinte morale donnée aux esprits, grâce à cet accord de la tradition familiale, de l'expérience quotidienne et de la foi religieuse ; et comment aussi en naissait le profond sentiment d'une lourde responsabilité. Au Créateur qui les lui a confiées pour continuer son œuvre, la famille doit compte de ces jeunes âmes qui, sans la vigilance paternelle, ne sauraient être dressées à amasser, pendant leur existence mortelle, les mérites qui seuls leur ouvriront les espérances éternelles. A la terre natale, à la patrie aimée dont ses enfants vivront l'avenir incertain, la famille doit aussi des comptes ; car « dans les sociétés les plus prospères, la venue des enfants est, à vrai dire, une invasion de petits barbares : dès

1. Lettre à M. Ernest Michel sur l'éducation chrétienne par la lecture de la Bible (*Réforme sociale*, 1ᵉʳ juin 1888). La *Nouvelle Géographie universelle* d'Élysée Reclus fait, pour la presse des États-Unis, la même remarque que Mgr d'Hulst pour nos sermonaires du Grand Siècle : les journaux sont tellement remplis de citations et d'allusions bibliques, qu'il faut bien admettre chez les lecteurs une connaissance approfondie des Écritures. Plus loin, dans la Lettre déjà citée, l'éminent prélat ajoute : « Tandis que dans certaines nations protestantes, déshéritées des puissants moyens de salut qui sont restés notre privilège, la lecture habituelle de la Bible a pu maintenir un fond solide de christianisme domestique et social, l'abandon de cette lecture a été parmi les catholiques l'effet d'abord, puis bientôt l'une des causes de l'affaiblissement de la foi. » N'est-ce point là la meilleure des réponses à donner dans les discussions sur la « supériorité » des nations protestantes ?

que les parents tardent à les dompter par l'éducation, la décadence devient imminente »[1]. L'afflux des générations nouvelles remet ainsi chaque jour en question les résultats lentement conquis par leurs devanciers. Entre le bien et le mal, elles seront ce que la sollicitude des parents en va faire : ou bien des indisciplinés dont les erreurs et les vices sont nuisibles aux autres comme à eux-mêmes et qui provoquent le désordre, la souffrance et l'abaissement de la race ; ou bien des citoyens soumis à la loi morale, aptes à la liberté parce qu'ils savent se contraindre eux-mêmes, capables de promouvoir le progrès parce qu'ils l'édifient sur la continuité des efforts du passé.

D'ailleurs cette éducation indispensable de l'âme et du caractère, elle doit commencer dès le berceau, avec les premières manifestations de la volonté. Elle est donc bien la tâche de l'autorité paternelle instituée par le Décalogue, la mission propre de la famille dont elle est la véritable raison d'être et qui seule la peut accomplir. Mais combien de parents sont impuissants à s'en acquitter : ceux-ci sont restés de grands enfants sans culture ; ceux-là sont absorbés par les difficultés de l'existence et d'autres se laissent égarer par les séductions de l'erreur et du mensonge. Presque tous ont besoin d'être aidés, soutenus et dirigés. Le grand siècle, si admirablement chrétien, qui à la voix de saint Vincent de Paul avait multiplié les efforts de la charité pour soulager la misère des humbles, devait

---

[1]. Le Play, la *Constitution essentielle de l'humanité*, ch. I, § 3.

s'émouvoir aussi en voyant trop souvent, dans les milieux populaires, la famille défaillante à sa tâche et l'enfance privée d'éducation religieuse. Adrien Bourdoise, Olier, d'autres encore, nous l'avons vu, mais surtout J.-B. de la Salle ont sans doute éprouvé l'obscur pressentiment de la poussée des générations et l'appel confus des besoins nouveaux. « J'estime, écrivait Adrien Bourdoise, que si saint Paul et saint Denys revenaient à présent en France, ils prendraient la condition de maître d'école préférablement à toute autre. » L'apostolat par l'école chrétienne dans nos cités et nos campagnes leur est donc apparu comme l'œuvre par excellence, plus nécessaire encore que l'évangélisation des infidèles dans les pays lointains.

Mais plus haute est la mission, plus rares sont les qualités nécessaires pour la remplir, plus difficile est la préparation qui en rendra digne. Aussi le saint fondateur va-t-il traverser des épreuves qui sembleront présager la ruine prochaine de son Institut et dont il ne triomphera qu'en donnant à la communauté une formation plus complète et une vie religieuse plus intense.

CHAPITRE VI

LE NOVICIAT DE VAUGIRARD. — LA FORMATION
DES MAITRES

(1691-1698)

En venant s'établir à Paris, J.-B. de la Salle n'était accompagné que de deux Frères. Aussi, dès le mois de juillet, dut-il en aller chercher d'autres; il ramena alors le Frère Henri Lheureux auquel il avait d'abord confié la communauté de Reims, et il le mit à la tête de l'école de la rue Princesse. Mais il semble que l'humaine nature ne soit jamais complètement domptée, et ceux qui ont le plus sincèrement renoncé aux intérêts terrestres ne s'en montrent souvent que plus impressionnables dans la tâche à laquelle ils ont tout sacrifié. Les deux Frères venus les premiers conçurent contre Henri Lheureux une telle jalousie que l'un d'eux partit, et si l'autre resta encore deux ans, ce ne fut que pour être une cause incessante de trouble par ses révoltes contre le fondateur. D'autre part à Reims, le nouveau directeur, le Frère Jean Henry, encore jeune mais très pieux, édifiait toute la communauté; toutefois, dans son petit gouvernement il manqua de tact et de prudence : plusieurs Frères se retirèrent au grand préjudice des écoles. Le séminaire des maîtres de campagne avait cessé de se recruter; le petit noviciat, qui était la garantie de l'avenir, périclitait aussi de plus en plus. En vain M. de la Salle transféra les novices à Paris : il ne put conjurer la tiédeur des uns, la désertion des autres; en 1691 le petit troupeau était presque dispersé.

Tout semblait avoir péri, et le saint lui-même était frappé; exténué par les fatigues et les mortifications, il fut saisi par la maladie au cours d'un voyage à Reims. Il écarta sa riche famille, ne voulant d'autres soins que ceux de ses Frères dans le pauvre logis de la communauté. Avant d'être guéri, il revient à Paris, et cette fois le mal le terrasse, tout espoir s'évanouit : résigné à la volonté de Dieu il se prépare à la mort. M. Baudrand lui apporte le saint Viatique en procession avec un grand concours de clercs et de fidèles. D'une main si faible qu'il la faut soutenir, le saint bénit ses enfants : « Je vous recommande, dit-il, une grande union et une grande obéissance ».

Dieu l'épargna : un traitement énergique et dangereux triompha du mal et la santé revint à pas chancelants. Mais les Frères de Laon sont atteints par la maladie : il y court et administre les derniers sacrements à l'un d'eux. Au médecin qui pense que les autres auraient besoin de se refaire à l'air natal, il répond : « L'air natal des Frères des Écoles chrétiennes, c'est le Paradis ». Il passe à Reims, on le rappelle à Paris : le Frère Lheureux est mourant; il revient, trop tard, perdant avec le plus cher de ses fils celui qui, par ses qualités de douceur et de piété, de fermeté et de prudence, semblait destiné à gouverner l'Institut.

Combien sont loin, hélas, les jours de 1684, après les premiers vœux, alors que la communauté était nombreuse et pleine d'espérance! Aujourd'hui, la moitié des Frères a disparu, il vient à peine un ou deux sujets par an; la ferveur se perd, l'espoir s'éteint. Mais le saint reste : dans la retraite et la prière, il demande à Dieu de nouvelles forces et se remet à l'œuvre.

Tout d'abord, à l'entrée de Vaugirard, non loin des deux maisons de campagne que le séminaire de Saint-Sulpice possède, l'une au bout du même village, l'autre à Issy, M. de la Salle loue un vaste enclos avec une modeste bâtisse, au coin de la grande rue et de la rue Copreau. Il y installe aussitôt les maîtres que l'insalubrité des classes à Paris avait épuisés et que l'air pur allait ranimer. Les vacances étant arrivées, il rappelle ensuite à lui tous les Frères, de Reims, de Laon, de Guise, de Rethel. Tous viennent avec joie, malgré la longueur d'un voyage qu'ils font à pied, même ceux qui souffrent d'infirmités précoces. Au cours d'une retraite où, soit dans les exercices communs, soit dans les entretiens particuliers, M. de la Salle parle à leur cœur, avive leur vocation, réconforte leurs faiblesses, ils ne tardent pas à sentir combien « ils avaient besoin d'un bon noviciat pour rallumer le feu céleste qui commençait à s'éteindre dans leur cœur ». Aussi plusieurs demandent à rester pour un plus long séjour, capable de « leur faire retrouver l'esprit intérieur, l'esprit de recueillement, d'oraison, de mortification, d'humilité et d'obéissance ».

C'est alors que M. de la Salle, avec deux de ses plus dévoués disciples, a contracté l'engagement solennel de se consacrer à l'établissement de la société des Écoles chrétiennes : « Et pour cet effet, moi J.-B. de la Salle, prêtre, moi, Nicolas Vuyart, et moi, Gabriel Drolin, nous, dès à présent et pour toujours jusqu'au dernier vivant, ou jusqu'à l'entière consommation de l'établissement de la dite société, faisons vœu d'association et d'union pour procurer et maintenir le dit établissement, sans nous en pouvoir départir, quand même nous ne resterions que nous trois dans la dite société, et que nous serions obligés de demander l'aumône et de vivre de pain seulement. »

A ce foyer de vie religieuse intense, les Frères eurent vite réchauffé leur zèle et retrouvé l'esprit d'obéissance. Ils reprirent le chemin de leurs écoles, mais, pour continuer et entretenir désormais l'action qu'il avait si utilement exercée, M. de la Salle prescrit aux Frères une correspondance mensuelle, une « reddition de comptes », dans laquelle ils lui ouvrent leur cœur, demandent ses avis, affermissent leur persévérance. La confiance des disciples, la sollicitude du saint font de ce commerce une véritable « direction spirituelle ». Il suffit de parcourir le *Recueil des Lettres* de J.-B. de la Salle, conservé à la maison mère, pour voir avec quelle bonté, au prix d'un énorme labeur, il s'occupait de chacun : « J'ay bien de la joie, mon très cher-Frère, de la bonne disposition que vous avez de travailler fortement à vous corriger de vos défauts et de vous vaincre, lorsque l'occasion d'impatience se présente; recourez beaucoup à Dieu pour travailler de votre côté à la vaincre.... Il est certain, mon très cher Frère, qu'un peu d'humilité vous ferait grand bien ; vous estes trop orgueilleux, c'est un grand mal en vous. A moins que vous ne vous appliquiez à la mortification de l'esprit et des sens, vous déchoirez insensiblement de la vertu....Je ne suis pas surpris sy vous me dites que vous pensez rarement à Dieu ; quel moyen autrement! Vous avez horreur pour toutes les vertus, vous n'en pratiquez pas ; on ne pense à Dieu qu'autant qu'on a de l'amour pour luy.... Soyez bien exact au silence ; c'est un des principaux points de régularité, sans lequel une maison tombe dans le désordre.... Vous devriez bien prendre garde, mon très cher Frère, de ne pas parler d'une manière sy hautaine ;... l'Esprit de Dieu ne permet pas de parler ainsi ; que l'humilité paraisse toujours dans vos discours ; rien ne vous rendra plus aimable à Dieu et aux hommes.... Ayez aussi de l'égard, de ne pas parler trop librement à vos écoliers ; cela ôte tout le respect.... La tendresse avec laquelle vous m'écrivez m'est bien sensible, mon très cher Frère ; etc.... » A cette fortifiante influence que la correspondance prolongeait ainsi malgré l'éloignement, vinrent s'ajouter régulièrement, d'une part, une visite annuelle du fondateur à chacune des écoles et à leurs maîtres, et, d'autre part, une retraite de tous les Frères à Vaugirard. Ainsi se trouvait conjuré le danger qu'avait fait courir à l'Institut l'application trop hâtive au service des écoles, de sujets insuffisamment dressés à la vie religieuse.

Un des premiers résultats de la restauration d'une ferveur plus grande fut l'arrivée, depuis longtemps suspendue, de nouveaux novices. Pour éviter le retour, toujours possible, de déceptions cruelles, M. de la Salle les voulait préparer à des vocations solides et durables par une formation lente et recueillie. Il fallait pour cela créer à Vaugirard un vrai noviciat. Mais les seules ressources des Frères étaient les subventions fournies pour les écoles par M. Baudrand, et celui-ci, craignant un accroissement de charges déjà lourdes, refusa nettement son consentement. En vain, à force de prières et de macérations, le saint supplie la Providence de changer les cœurs et d'incliner les volontés : « Pendant l'espace de près d'une année que dura cette opposition, il jeûnait tous les jours, il priait presque toute la nuit dans une chambre retirée, et il ne cessait de le faire que quand, malgré lui, le sommeil venait lui fermer les paupières.... Alors, obligé de se rendre, il tombait par terre et y prenait son repos. C'était sur ce lit de plâtre, si funeste à la santé, et sur lequel il ne manquait pas de recueillir de cruelles douleurs de rhumatisme, avec péril de devenir perclus de ses membres, que les Frères le trouvaient couché, froid et glacé, lorsqu'ils allaient le matin lui parler pour quelque affaire[1]. » Rien ne pouvait vaincre les résistances, quand tout à coup le ciel se laissa fléchir. Paul Godet des Marais, son ancien ami de Saint-Sulpice, fut sacré évêque de Chartres le 31 août 1692, et au cours de la solennité, alors qu'on ne le pouvait pas refuser, il plaida et gagna la cause des Frères devant l'archevêque de Paris, Mgr de Harlai ; M. Baudrand leur rendit toute sa

---

1. Blain, p. 317.

généreuse bienveillance, et le noviciat s'ouvrit en septembre 1692.

Ce fut vraiment une maison de pauvreté, de pénitence et de prière. M. de la Salle mit à la tête le Frère Jean Henri, rappelé de Reims, mais il gardait la charge des soins les plus importants. « Il examinait lui-même les novices, dit Élie Maillefer, les instruisait de leurs obligations essentielles à l'état qu'ils voulaient embrasser, ne laissait passer aucun jour sans leur faire des exhortations. Il présidait même à tous leurs exercices, autant que ses autres occupations le lui permettaient, travaillait avec eux aux emplois les plus bas de la maison, les encourageait par son exemple à embrasser avec joie une vie pénible et laborieuse, à endurer les humiliations sans se plaindre, à souffrir les railleries auxquelles ils se trouvaient exposés, et à conserver le calme et la tranquillité dans les différentes situations où la simplicité et la pauvreté de leur état pourraient les mettre dans la suite. Il soutint cette conduite pendant plusieurs années sans se relâcher en rien de son exactitude. »

Chaque jour, la messe le matin dans une petite chapelle du voisinage, trois heures d'oraison à genoux, des lectures spirituelles, le petit office de la sainte Vierge, des exercices de prière et de mortification, au moins une conférence quotidienne du fondateur, enfin le travail manuel: tel était l'emploi du temps fixé avec une régularité strictement obéie.

Pendant toute l'année, du mercredi soir au vendredi matin, et du samedi soir au lundi matin, les Frères de Paris venaient au noviciat chercher le grand air et surtout retrouver la vie fervente, car ils n'y étaient point au repos et prenaient part à tous les travaux des novices. Puis, pendant les vacances, malgré les longs voyages et l'exiguïté de la demeure, tous se rassemblaient pour raviver leur ferveur. Parfois la communauté recevait des prêtres désireux d'y faire une pieuse retraite, et souvent elle accueillait des pauvres sans asile.

Le logis était misérable, avec ses toits délabrés et ses portes mal closes; jamais de feu; les fenêtres laissaient pénétrer la pluie et la neige, le vent soufflait de toutes parts. Le mobilier était assorti : dans chaque cellule un lit de planches, une paillasse, un rude drap de toile et une seule couverture; il n'y avait que deux matelas réservés aux malades. Dans les salles, des tables et des bancs. Les vêtements ressemblaient fort à des haillons, et la soutane du supérieur n'était pas moins rapiécée que les robes des Frères.

Pour la nourriture, les privations étaient plus dures encore. Jamais on ne fit de cuisine; un Frère allait chaque jour recueillir la desserte de la cure et du séminaire de Saint-Sulpice ou de quelques communautés plus ou moins pauvres; il rapportait ainsi de la soupe, du pain et quelques restes grossiers sur lesquels on prélevait d'abord la part des pauvres. Mais le retour ne pouvait être que tardif et le jeûne était prolongé d'autant. En outre, comme dans les monastères, la coulpe des fautes se faisait à l'arrivée au réfectoire et diminuait encore pour les pénitents la durée de leur chétif repas, car tous se levaient de table à la fois.

Tant de privations, une pauvreté si humble, une

vie tout austère ne paraissaient pas encore suffisantes pour vaincre le corps et affranchir l'âme. Le supérieur usait sans ménagement pour lui-même de disciplines armées de rosettes pointues, et chaque soir, raconte son historien Blain, après la prière, le silence de la communauté était un instant troublé par le bruit des coups dont les Frères châtiaient leur chair pour la réduire en servitude. Mais le saint fondateur avait coutume de dire : « J'aime mieux une once de mortification d'esprit qu'une livre de mortification corporelle.... Disciplinez bien votre esprit : voilà la discipline qui vous convient, et dont vous retirerez le plus de fruit. »

Vénérée dans son voisinage, la communauté, qui était le second berceau de l'Institut, fut à son tour, comme celle de Reims, appelée la *Petite Trappe*, touchante appellation qui unissait dans un même hommage les noms de l'abbé de Rancé et de J.-B. de la Salle. Beaucoup y vinrent, attirés par son parfum d'édification ; mais la plupart furent lassés par son âpre austérité. Seules les âmes fortes y restèrent, comprenant à quel prix elles pouvaient s'approcher de l'idéal entrevu. Sur les douze novices entrés en 1692, dix partirent peu à peu ; mais d'autres les remplacèrent, appartenant presque tous aux classes aisées, que leur éducation, leur milieu rendaient plus aptes à un apostolat dévoué.

La terrible famine, qui sévit cruellement à Paris pendant les deux hivers de 1693 et 1694, porta aux dernières extrémités la misère du noviciat. Aux charges que la prolongation de grandes guerres rendait lourde, l'insuffisance des récoltes avait ajouté le renchérissement des vivres, et en 1693 la disette.

A Paris, le nombre des pauvres s'élevait à cent mille, et, de tous côtés, les transports de grains étaient pillés sur les routes, car la détresse était la même en province. Le gouvernement du roi s'ingénia à chercher les moyens de nourrir les affamés : on essaya de distribuer des secours en argent ou du pain à bon marché, mais les abus furent tels qu'il y fallut renoncer. C'est par les soins des curés et des vicaires, parce qu'ils connaissaient leurs paroissiens, que les distributions purent se faire avec le moins d'inconvénients. Il devint impossible au noviciat de rester à Vaugirard. Comment le Frère quêteur aurait-il pu rapporter chaque jour encore une maigre pitance, alors que les communautés n'avaient plus rien à lui donner et que d'ailleurs les voleurs en route l'eussent dévalisé ? Force fut de se réfugier à l'école de la rue Princesse, et quand les pauvres Frères n'avaient même pas de pain, ils se réunissaient au moins au réfectoire autour de leur table nue pour réciter le *Benedicite* et les *Grâces*, et s'en aller ensuite... en récréation. « Ne vous troublez pas, répétait M. de la Salle, et ne dites pas : qu'est-ce que nous mangerons ou qu'est-ce que nous boirons ou de quoi nous couvrirons-nous ? C'est ainsi que parlent les païens. Mais notre Père céleste sait que vous avez besoin de tout cela. »

La sereine confiance en Dieu, dont le fondateur avait fait pour tous une habitude, était mise à rude épreuve, car tout manquait là à fois, et la nourriture jadis fournie par diverses communautés qui utilisaient maintenant tous leurs restes, et la subvention de deux cent cinquante livres par chaque Frère que M. Baudrand ne pouvait plus payer. La paroisse Saint-Sulpice, en effet, était si chargée de pauvres que les ressources de la charité étaient fort insuffisantes, même pour soulager les misères les plus aiguës. Plus d'une fois pourtant, un secours inattendu vint récompenser la patiente abnégation des pauvres Frères. Un jour, c'était une charitable dame qui ayant eu par hasard connaissance de leur extrême dénûment, obtenait de M. Baudrand une petite partie des fonds dont le paiement avait été suspendu. Une autre fois, le curé, à bout de ressources, refuse les sommes attendues. M. de la Salle se met en prières et, après une longue et instante oraison, retourne près de M. Baudrand qui, tout joyeux, lui fait une part dans les dons que le roi vient à l'instant d'envoyer pour atténuer les souffrances de la paroisse.

Ce ne fut qu'au printemps de 1694 que, les maux de la famine à peu près conjurés, le noviciat put retourner à Vaugirard. Encore pendant les premiers mois le défaut de ressources amena plus d'une difficulté avec le curé de Saint-Sulpice. La plus grande eut pour objet les écoles de la rue Princesse que M. Baudrand, par économie, voulait transporter rue Guisarde, dans un local moins cher, mais encore plus exigu. M. de la Salle, avec la ténacité douce qu'il montrait quand il y voyait un devoir, n'y voulut point consentir, et, sans argent, prit le bail à son compte. « M. le curé, dit Blain, n'eut plus rien à lui dire, sinon qu'il était un entêté, qu'il avait toujours voulu l'emporter en tout sur lui et sur M. de la Barmondière. » Quelques jours après, un don important, accordé par un de ses parents qui savait apprécier son haut mérite, arrivait à point pour le décharger d'une lourde responsabilité. Puis, peu à peu, les embarras étant dissipés, M. Baudrand redevint un père généreux pour la petite communauté dont ces deux dernières années de terribles épreuves, supportées avec foi, avaient encore avivé le dévouement et confirmé la vocation.

La preuve en fut spontanément donnée par la force avec laquelle se manifesta parmi les Frères, en cette même année 1694, le désir de s'attacher désormais à leur mission par des vœux perpétuels. « Ne tiendrons-nous jamais à Dieu, disaient-ils, autrement que comme les valets de laboureur aux maîtres qu'ils servent? Quittes au bout de l'année du service qu'ils ont promis, ils s'engagent à un autre maître à leur gré, ou bien ils renouvellent à leur gré avec le premier le bail de l'année. Un pied de dans, un pied dehors la maison dans laquelle ils servent, ils sont toujours prêts à y rester ou à en sortir, selon que leur intérêt le demande. Aucun des maîtres ne peut s'assurer de leurs services au delà du terme convenu, parce qu'aucun ne possède le cœur de ces mercenaires; or nous, ne servons-nous pas Dieu à la manière que ces valets font pour leurs maîtres, en nous engageant à lui pour un an, pour trois ans au plus, et en retrouvant notre liberté ce temps expiré ? Par malheur, en la retrouvant, nous retrouvons l'ouvrière de nos dérèglements et peut-être de notre perte. Si le sacrifice en était fait, la nécessité de persévérer dans notre saint état y fixerait immuablement nos volontés, et, en nous engageant à Dieu pour toujours, il lui attacherait nos cœurs. » M. de la Salle ne pouvait qu'être touché de ces aspirations qui étaient le reflet de sa pensée, l'écho de ses désirs. Dix ans s'étaient écoulés depuis les premiers engagements renouvelables, ne pouvait-on admettre aux vœux perpétuels ceux qu'une longue persévérance avait consacrés ? Plein de prudence, le supérieur prie Dieu dans la retraite, consulte confidentiellement les plus anciens de Champagne ou de Paris, et fait choix de douze sujets. Encore les soumet-il un à un à l'épreuve d'une retraite spirituelle qui lui permet d'étudier leurs dispositions personnelles et leur force morale. Il les exhorte, en leur parlant des devoirs et des dangers des vœux de religion ; il sollicite dans des conférences intimes la libre expression de leurs opinions et de leurs sentiments. Avec une sagesse que l'expérience a justifiée, il fut décidé que douze Frères prononceraient les vœux perpétuels, mais réduits à l'obéissance et à la stabilité. Ainsi fut fait le matin de la Trinité, avec une simplicité tout apostolique. On conserve encore à la Maison mère les originaux de ces treize formules. Voici celle de M. de la Salle :

« Très Sainte Trinité, Père, Fils et Saint Esprit, prosternés dans un très profond respect devant votre infinie et adorable Majesté, je me consacre tout à vous pour procurer votre gloire, autant qu'il me sera possible et que vous le demanderez de moy. Et pour cet effet, je, Jean Baptiste de la Salle, prestre, promets et fais vœu de m'unir et demeurer en société avec les Frères Nicolas Vuyart, Gabriel Drolin, Jean Partois, Gabriel Charles Resigade, Jean Henry, Jacques Compain, Jean Jacquot, Jean Louis de Marcheville, Michel Barthélemy Jacquin,

Edme Leguillon, Gilles Pierre et Claude Roussel, pour tenir ensemble et par association les écoles gratuites, en quelque lieu que ce soit, quand mesme je serais obligé pour le faire de demander l'aumône ou de vivre de pain seulement, ou pour faire dans ladite société ce à quoy je seray employé, soit par le corps de la société, soit par les supérieurs qui en auront la conduite. C'est pourquoy, je promets et fais vœu d'obéissance tant au corps de cette société qu'aux supérieurs. Lesquels vœux, tant d'association que de stabilité dans laditte société et d'obéissance, je promets de garder inviolablement pendant toute ma vie, en foy de quoy j'ai signé. Fait à Vaugirard, ce sixième de juin, jour de la feste de la très sainte Trinité de l'année mil six cent quatre vingt quatorze. Signé : de la Salle. »

Dès le lendemain de ce jour qui affermissait à jamais l'Institut, M. de la Salle songea de nouveau à réaliser son désir de démission, non par défaillance certes, mais par humilité. Réunissant les douze Frères, leur montrant la communauté comme forte et solide, rappelant qu'il faut mettre sa confiance en Dieu seul et ne jamais s'appuyer sur l'homme qui n'est qu'un roseau, il chercha à leur persuader qu'il n'était rien, ne pouvait rien, et qu'il y avait pour eux devoir urgent de le remplacer comme supérieur. A ma mort, disait-il, si rien n'a été fait auparavant, vous serez dans le désarroi : vous aurez autant de supérieurs que d'écoles, ou bien vous serez placés sous la direction d'un prêtre, étranger à la communauté, à ses traditions, à son esprit, à sa vie et à sa mission. « Serait-il propre à vous conduire ? Aurait-il l'esprit de communauté ?

Aurait-il l'esprit de la vôtre? En suivrait-il les règles? Voudrait-il se ranger à votre forme de vie? Pourrait-il sympathiser avec vous, ou vous avec lui? Vous trouveriez-vous disposés à lui donner votre confiance; et lui, le serait-il à vivre au milieu de vous, comme un de vous? Supposons même qu'il fût un saint, qu'il fût plein de l'esprit de Dieu, de zèle pour le prochain, de charité et de tendresse pour vous, pourrait-il avoir les qualités spéciales de votre Institut, n'ayant pas été élevé avec vous et comme vous? De plus sa dignité mettant entre vous et lui de la différence, lui ignorant vos coutumes, vos usages et vos pratiques, comment pourriez-vous ne faire qu'un cœur et qu'une âme? Par rapport à vos règles, ne les voudrait-il pas changer?... En vérité... pourquoi différez-vous d'ôter la supériorité à un prêtre et de vous faire une loi de ne la rendre jamais à aucun homme revêtu de cette dignité? »

Quand M. de la Salle crut les avoir convaincus que, pour maintenir parfaite l'union entre eux, il fallait prendre un supérieur dans leurs rangs et que la transmission de pouvoirs, pour être aisée, se devait faire de son vivant, tous se mirent en prière et on vota sans entente préalable. Néanmoins tous les suffrages se portèrent sur M. de la Salle. Malgré les exhortations du saint, un second scrutin, également unanime, témoigna que les Frères ne voulaient à aucun prix se séparer du fondateur qui avait si puissamment formé leur esprit et leur cœur. Cependant, se rendant à ses raisons empreintes d'une profonde sagesse, ils prirent soin de déclarer que l'élection de M. de la Salle était exceptionnelle, ne ferait point précédent et qu'à l'avenir le supérieur devrait toujours être pris parmi les Frères. C'est pour ce motif que, dans les annales de la communauté, M. de la Salle n'est pas compté parmi les supérieurs. Voici le texte de cet acte si important pour l'avenir de l'œuvre fondée par le saint :

« Nous soussignés, Nicolas Vuyart, Gabriel Drolin, etc..., après nous être associés avec M. J.-B. de la Salle, prêtre, pour tenir ensemble les écoles gratuites, par les vœux que nous avons faits le jour d'hier, reconnaissons qu'en conséquence de ces vœux et de l'association que nous avons contractée par eux, nous avons choisi pour Supérieur M. J.-B. de la Salle, auquel nous promettons d'obéir avec une entière soumission, aussi bien qu'à ceux qui nous seront donnés par lui comme Supérieurs. Nous déclarons aussi que nous prétendons que la présente élection n'aura dans la suite aucune conséquence.

« Notre intention étant qu'après mondit sieur de la Salle, et à l'avenir pour toujours, il n'y ait aucun ni reçu parmi nous, ni choisi pour Supérieur qui soit prêtre ou qui ait reçu les ordres sacrés ; que nous n'aurons et n'admettrons aucun Supérieur qui ne soit associé et qui n'ait fait vœu comme nous et comme tous les autres qui nous seront associés dans la suite. Fait à Vaugirard, le 7 juin 1694. »

La sagacité prévoyante qui, en cette grave circonstance, avait guidé M. de la Salle, l'aidait aussi à résister aux instances réitérées des meilleurs amis de l'Institut. Aux Frères qui auraient voulu que la communauté demandât à Rome des bulles d'investiture, il représentait qu'il fallait d'abord rédiger entièrement la règle. Aux anciens condisciples de Saint-Sulpice, aux prêtres, aux évêques qui connaissaient les mérites des écoles chrétiennes et réclamaient des maîtres, il répondait qu'il avait à peine trente Frères et qu'il fallait d'abord dans le recueillement et le silence fortifier le noviciat. C'est à ses novices, en effet, qu'il donnait tous ses soins, les accompagnant partout, les consolant, les animant, les instruisant, tantôt leur faisant de touchantes exhortations, tantôt partageant leurs plus humbles travaux, toujours le premier levé et plus prompt que personne à s'accuser publiquement du moindre manquement à la règle. Et pourtant de cruelles infirmités, suites nécessaires de ses trop grandes mortifications, le rendaient parfois presque impotent. Perclus de rhumatismes, il dut se soumettre plus d'une fois à un traitement barbare, renommé alors, et qui était presque le martyre, car placé comme saint Laurent sur un gril, il devait supporter la chaleur intense d'un brasier, sur lequel on brûlait des herbes odoriférantes. Quand il n'était pas en proie à ces crises violentes, il n'oubliait pas d'aller visiter tour à tour toutes les écoles, en Champagne comme à Paris.

Mais il rentrait avec prédilection dans la solitude de Vaugirard, et c'est alors qu'il commença à mettre par écrit la règle que pratiquait la communauté. Il s'était préparé à cette sainte tâche par le jeûne et la prière ; en outre, craignant à la fois la mollesse du relâchement et l'excès de l'austérité, il soumit sa rédaction à la revision de ses disciples, à l'examen de quelques vénérables supérieurs de congrégations, enfin à l'approbation de tous les Frères à la retraite annuelle. Là, comme dans le règlement de vie qu'il rédigea pour lui-même, quelques idées fondamentales l'inspirent : recourir fréquemment à la prière à des heures fixées et au commencement de chaque action, afin de se remettre sans cesse en présence de Dieu ; s'attacher strictement à la régularité avec laquelle une communauté est inébranlable, sans laquelle au contraire elle périt fatalement ; enfin « s'assurer qu'on ne fera jamais mieux son salut et qu'on n'acquerra jamais plus de perfection qu'en faisant les devoirs de sa charge pourvu qu'on les accomplisse en vue de l'ordre de Dieu[1] ». Le texte de 1695 ne fut considéré que comme provisoire jusqu'en 1717. D'ailleurs, ce qui, à Vaugirard, attira surtout l'attention de M. de la Salle, ce fut l'emploi des récréations. Elles n'étaient guère prolongées ; encore fallait-il qu'elles ne devinssent pas une occasion de dissipation ou de médisance. De là, des règles un peu sévères : ne jamais discourir des absents que pour en dire du bien ; ne point raconter ses affaires de famille ou les nouvelles du monde ; ne point critiquer le manque de régularité des autres communautés, s'abstenir de tout badinage, ne parler ni haut, ni longtemps, etc.... C'était complé-

1. C'est la pensée de Bourdaloue : « Il est de la loi que nous ne ferons jamais d'autre bien que celui pour lequel Dieu nous accorde sa grâce et que tout ce que nous entreprendrons hors de l'étendue et des limites de cette grâce, quelque apparence qu'il ait de bon, nous sera inutile.... Car n'espérons pas, chrétiens, trouver jamais la sainteté ailleurs que dans la perfection de notre état. C'est en cela qu'elle consiste et les plus grands saints n'ont point eu d'autres secrets que celui-là pour y parvenir. » (*Sermon sur l'état de vie et le soin de s'y perfectionner.*)

ter fort utilement la règle que de consigner aussi dans un petit livre les conseils relatifs à la tenue des classes, aux méthodes d'enseignement, à la direction des enfants, tout ce que l'expérience avait enseigné et qu'il était temps de formuler. Ce fut la *Conduite des Écoles*. Après ce livre, destiné aux maîtres, M. de la Salle en écrivit un pour les écoliers : les *Règles de la bienséance et de la civilité chrétienne*. Mieux que la célèbre *Civilité puérile et honnête* de Cordier, ces pages très simples et bien ordonnées donnent aux enfants les meilleurs avis sur la « modestie du port et du maintien » et sur « la bienséance des actions ordinaires », en les appuyant d'exemples tirés de la Sainte Écriture et des Pères de l'Église. C'est un manuel élémentaire de bonne éducation qui est tombé en désuétude sans qu'on puisse affirmer qu'il serait inutile aujourd'hui, d'aucuns même prétendent qu'on pourrait le lire avec profit dans les écoles de filles aussi bien que dans les écoles de garçons[1].

Fréquentes étaient toujours les relations de M. de la Salle avec Saint-Sulpice, avec M. Tronson quand les grands débats du quiétisme laissaient à celui-ci quelques loisirs ; surtout avec M. Baühin, supérieur du petit séminaire, dont la maison était à l'extré-

---

[1]. *Les Règles de bienséance* de M. de la Salle eurent beaucoup d'éditions et d'imitations ; les principales villes en firent des reproductions spéciales. Le *Dictionnaire de pédagogie* de M. Buisson en donne l'appréciation suivante : « Excellent petit traité, sans raideur, sans prétention, simple, naïf même, mais admirablement fait pour ceux à qui il s'adresse ; fondé, cela va sans dire, sur la religion, mais contenant aussi les meilleures leçons de morale humaine. »

mité de Vaugirard. Souvent ils se visitaient l'un l'autre, M. de la Salle impressionnait vivement les jeunes séminaristes. « Quel est, disaient-ils, ce prêtre vénérable ? N'est-ce pas un saint ? » A quoi M. Baülin répondait : « C'est un ancien chanoine de Reims qui a tout quitté pour marcher sur la trace des apôtres ». La haute piété dont son visage portait ainsi le reflet et dont sa vie était comme parfumée, attirait à la communauté bien des hôtes, prêtres ou évêques, désireux de réconforter leurs âmes sous l'influence salutaire du fondateur : « Il recevait, dit Maillefer, tous ceux qui se présentaient, sans distinction du mérite ou de la qualité. Il n'y en avait même pas pour la manière de vivre ; chacun assistait à la table commune et on servait à tous les mêmes mets qu'à la communauté. » Il s'y joignit aussi des amitiés nouvelles. C'est ainsi que M. de la Salle se lia étroitement avec un grand seigneur retiré du monde et vivant dans son voisinage. « Le comte du Charmel était, dit Saint-Simon, un gentilhomme tout simple de Champagne qui s'était introduit à la Cour par le jeu, qui y gagna beaucoup et longtemps, sans jamais avoir été soupçonné le plus légèrement du monde » ; mais, après sa conversion et sa retraite, « ce fut un homme à cilice, à pointes de fer, à toutes sortes d'instruments de continuelle pénitence, jeûneur extrême et sobre d'ailleurs à l'excès, quoique grand mangeur ». Ayant connu les Frères, par hasard, en Champagne, il s'attacha à leur fondateur par une affection solide et fut, à diverses reprises, un généreux protecteur pour la communauté.

Le pieux noviciat était un asile pour la pénitence. Son silence absolu, sa règle austère, la ferveur des

Frères, la parole persuasive du saint, tout contribuait à produire une impression vive même sur les pécheurs endurcis. Il en vint beaucoup ; bien des conversions se firent, quelques-unes éclatantes. Du saint comme de son divin maître, on pouvait dire : *Virtus de illo exibat et sanabat omnes.*

Ainsi le noviciat de Vaugirard fut pour la fondation de J.-B. de la Salle comme un second berceau. C'est là qu'après le relâchement et les désertions qui avaient si douloureusement ébranlé l'œuvre naissante, des vocations solides ont pu se former durables, dans toute la ferveur d'une vie religieuse intense. Au moment où nous conduit ce récit, M. de la Salle, qui a fait de la préparation de ses disciples sa tâche de prédilection, commence à recueillir le fruit de ses prières et de ses efforts : la bonne tenue des écoles est partout appréciée et les Frères font l'édification de tous. Mgr de Noailles, le nouvel archevêque de Paris, leur donna une preuve unique de son estime pour eux et leur fondateur. Il les connaissait pour les avoir vus à l'œuvre en Champagne, quand il était évêque de Châlons, il les retrouvait à Paris et disait de leur fondateur : « C'est un saint, je demande ses prières ». A la requête des curés, il avait ordonné la fermeture de toutes les chapelles privées, car les paroisses désertées n'avaient plus que les pauvres. Mais les novices de Vaugirard se trouvaient par là privés d'oratoire et ne pouvaient cependant tous les jours, et souvent plusieurs fois, aller à l'église paroissiale. L'archevêque leur accorda la faveur exceptionnelle d'avoir chez eux leur chapelle. Encore fallut-il toute la fermeté de M. de la

LA FORMATION DES MAITRES. 115

Salle pour triompher des résistances du curé de Vaugirard en évitant les conflits.

Vers le même temps, M. de la Chétardie était devenu curé de Saint-Sulpice en remplacement de M. Baudrand, frappé de paralysie. Que ferait-il de la communauté et des écoles ? Les pauvres Frères se le demandaient avec une anxiété que tempérait seul l'esprit de résignation qui les animait toujours. Mais, après avoir visité leurs classes si nombreuses et leur maison délabrée, M. de la Chétardie résolut de pourvoir désormais à leurs besoins plus largement, de fonder de nouvelles écoles, notamment celle de la rue Saint-Placide pour le quartier des Incurables, enfin de transporter à Paris le noviciat trop à l'étroit dans la maison de Vaugirard. Ainsi soutenue, l'œuvre de M. de la Salle va traverser une période de développements féconds et d'heureuse prospérité que viendront trop vite entraver de cruelles épreuves imposées par la Providence à son fondateur.

CHAPITRE VII

L'ŒUVRE AFFERMIE DANS LA SOUFFRANCE. — ÉCOLES NORMALES. — ÉCOLES DOMINICALES. — ÉPREUVES ET PROGRÈS.

1698-1705

Un jour saint Ignace, raconte un de ses biographes, fut surpris le visage triste et abattu, ce qui parut d'autant plus étonnant que sa physionomie reflétait d'ordinaire la sérénité de son âme. Interrogé sur les causes d'une tristesse si peu habituelle, il répondit que dans une province la Compagnie jouissait d'une prospérité sans trouble ; ce ne pouvait être à ses yeux que la punition de quelques fautes en raison desquelles le Sauveur ne voulait point admettre cette partie de la Compagnie au glorieux partage de sa Passion. Pareil souci ne dut jamais assaillir J.-B. de la Salle ; et si les persécutions restent toujours le moyen le plus propre à faire progresser les ordres religieux en les maintenant dans l'humilité, la mortification et la ferveur, l'Institut a été certainement béni de Dieu. Pendant les vingt dernières années de la vie du Saint, rien ne lui a été épargné ; et le récit qu'on en peut faire n'est qu'une monotone répétition de grandes épreuves et de progrès fructueux. Le fondateur est trahi, renié, persécuté, condamné, déposé, flétri, proscrit, et malgré ces traverses, les écoles se multiplient à Paris et en province, un peu de tous côtés dans le royaume. « L'Institut, comme en combustion, dit Blain, paraît ensuite renaître de ses cendres. »

D'abord, tout alla bien. Grâce aux subventions accrues de M. de la Chétardie, la communauté, devenue trop nombreuse pour l'exiguïté de sa maison, rentra dans Paris pour s'établir, aussi pauvre mais plus au large, à Notre-Dame-des-dix-Vertus. C'était, près des Carmes, sur la route de Vaugirard, entre les jardins du Luxembourg et la campagne qui commençait à la rue Notre-Dame-des-Champs, une vaste demeure, fort retirée, qu'avaient habitée les religieuses Annonciades de Saint-Nicolas de Lorraine et où avaient été élevés les Enfants de France. Depuis longtemps elle était vacante; on la disait hantée, et le loyer en était de ce fait abaissé. Au milieu de ses cours et de ses jardins, la chapelle agrandie fut bénite par l'évêque de Chartres et dédiée à saint Cassien. C'était un maître d'école d'Imola qui, pour avoir refusé l'encens aux idoles, fut livré à ses élèves chargés de le martyriser. « Je ne sais pourquoi, dit Blain, J.-B. de la Salle prit pour patron de sa chapelle ce saint martyr, si ce n'est que la fonction d'instruire les enfants dans les principes du christianisme, que ce saint avait exercée, lui donnait un certain rapport avec les Frères des écoles chrétiennes.... Peut-être aussi que la divine Providence, en inspirant à M. de la Salle de prendre pour son patron ce saint, mis à mort par ses écoliers, voulut lui faire entendre qu'il aurait quelque part à son supplice, par les différentes peines que lui feraient plusieurs de ses disciples. »

Dès la première année le Frère Jean Henry, dont l'inexpérience avait mal conduit la communauté de Reims mais qui dirigeait bien le noviciat de Vaugirard, mourut prématurément et fut bientôt remplacé par le Frère Michel, dont le caractère impitoyable devait peu après attirer au fondateur les plus dures épreuves. Néanmoins, l'Institut, plus important, commençait à disposer de collaborateurs éclairés auxquels des services spéciaux étaient confiés : ainsi l'économat au Frère Thomas, le soin des malades au Frère Jean Chrysostome, qui mourut victime de son dévouement dans une épidémie à Chartres; la formation pédagogique et l'inspection des écoles au Frère Jean, etc. C'est aussi vers ce moment, en 1700, qu'aidé surtout par son frère Louis, chanoine de Reims, M. de la Salle put enfin acheter cette maison de la rue Neuve, où il avait installé la communauté naissante en 1682. Les Frères y sont restés jusqu'aux confiscations de la Révolution en 1791. Rachetée en 1880 par le Comité des Ecoles libres, elle abrite aujourd'hui des classes agrandies, près desquelles se développent les ateliers d'une école professionnelle qui est déjà un modèle.

Sur la paroisse Saint-Sulpice, qui par son importance et sa population était comparable à une grande ville, les écoles chrétiennes étaient florissantes. Les documents contemporains prouvent que leurs quatorze classes instruisaient un millier d'enfants, et que leur programme s'était complété par des leçons de géométrie, de dessin et d'architecture. Pour les garçons comme pour les filles, venait s'y ajouter le travail manuel, assorti à leur âge et à leur sexe, et propre à leur permettre de se suffire. En outre, en ce temps déjà, les écoliers recevaient les fournitures scolaires, souvent un repas par jour, sans compter les secours en cas de maladie. Enfin, presque chaque semaine, des prêtres ou des dames de charité inspectaient les classes, et chaque mois M. de la Chétardie les réunissait avec les maîtres et les maîtresses pour qu'ils pussent tous ensemble rechercher les moyens de faire mieux encore. Le pieux curé aimait à visiter ses écoles, comme le faisait aussi une généreuse bienfaitrice, Mme Voisin; il y restait longtemps, veillant lui-même à la formation morale de ces jeunes âmes; il les quittait à regret, en donnant aux Frères le baiser de paix. Un jour voyant plus de quatre cents enfants au classes de la rue Saint-Placide, tout ému, il s'adressait à M. de la Salle : « Ah, Monsieur, quelle œuvre ! Où serait maintenant cette foule d'enfants, si elle n'était pas ici réunie ? On les verrait courir les rues, se battre, et faire, à leurs dépens, le funeste apprentissage du mal et du péché. »

La bonne tenue des écoliers, soustraits aux dangers du vagabondage, plus encore que les avantages de l'instruction, attirait les préférences des familles, et, par contre, suscitait la jalousie des maîtres des petites écoles. Outrés de se voir délaissés, ceux-ci reprirent leur vieille querelle, soutenant que la gratuité n'était qu'apparente, et, pressés de se faire justice eux-mêmes, ils vinrent rue Saint-Placide comme jadis rue du Bac, saisirent le mobilier, le détruisant ou l'enlevant, et obligèrent ainsi les écoles à se fermer. Nouveau procès : mais le saint se fit encore le défenseur des intérêts populaires et, devant les juges, mit au défi ses adversaires de prouver leurs dires. Confus, les maîtres durent subir la condamnation, et, après trois mois d'arrêt, les écoles furent rouvertes.

Quelque pénible qu'ait été cette affaire, ce n'était rien encore : les coups les plus douloureux furent portés au saint, et, à plusieurs reprises, par quelques-uns des disciples qu'il avait formés et des protecteurs en qui il avait confiance, car aucune amertume ne lui sera épargnée, et chaque progrès nouveau devra être payé par des afflictions nouvelles. Un jour, une quatrième école est ouverte sur les Fossés Monsieur-le-Prince, près la porte Saint-Michel, et les élèves y viennent si nombreux qu'il faut quatre Frères pour les recevoir. Quelques jours plus tard, ce n'est plus à Saint-Sulpice, c'est à Saint-Hippolyte, au faubourg Saint-Marcel, que le curé veut assurer à sa paroisse le bienfait des écoles chrétiennes. Il fait plus : il approuve fort le séminaire pour les maîtres d'école de la campagne, qui, fondé jadis à Reims et ruiné par le départ du saint, se relevait à la maison de Saint-Cassien. Il réussit même à trouver les ressources nécessaires pour créer à Saint-Hippolyte un semblable séminaire, qui adopte l'organisation et presque la règle de l'Institut; le programme est le même qu'à Reims, et les maîtres y reçoivent gratuitement leur formation morale et intellectuelle. A la tête de cette école normale, M. de la Salle plaça un autre lui-même, le Frère Nicolas Vuyart, celui qui, en 1691, avec lui et avec Gabriel Drolin, avait contracté l'engagement solennel de ne jamais abandonner l'Institut, quand même ils ne seraient plus que trois et qu'ils devraient demander l'aumône pour avoir du pain. Quelques années plus tard, hélas ! il devait tout oublier : le curé de Saint-Hippolyte mourut et croyant assurer l'avenir de sa fondation, la légua au Frère Vuyart. Celui-ci se laissa égarer et retint la donation pour lui-même. Quittant l'habit, il se fit relever de ses vœux et renia M. de la Salle. Le saint, toujours plein de mansuétude, pardonna cette trahison perfide, qui ruinait une fois encore le séminaire des maîtres de campagne.

Après l'école normale, le pensionnat. Le premier essai de cet enseignement secondaire, qui sera définitivement créé un peu après à Saint-Yon, se fit pour instruire une cinquantaine de jeunes Irlandais que leurs familles avaient envoyés à Saint-Germain, auprès de Jacques II, afin qu'ils fussent élevés dans la foi catholique. Les résultats excellents dont le roi d'Angleterre témoigna sa haute satisfaction en venant remercier le fondateur, attestent une fois de plus et le dévouement d'apôtre et les aptitudes d'éducateur de M. de la Salle.

Il en donna encore la preuve dans une fondation entreprise à la demande du curé de Saint-Sulpice et qui devint le modèle des patronages et des cours d'adultes, des œuvres de jeunesse et des institutions post-scolaires, aujourd'hui si importantes : c'est l'école dominicale[1]. Ouverte à ceux qui, toute

---

1. Il y avait eu, dès le début du siècle, quelques essais d'écoles dominicales en Flandre, mais elles avaient seulement pour but l'enseignement du catéchisme, et la lecture comme l'écriture n'y étaient qu'un accessoire.

la semaine, sont à l'atelier, elle donne, avec de pieux exercices et quelques distractions honnêtes, des cours complets pour ceux qui sont arriérés, et pour les autres des leçons de dessin, de géométrie, de mathématiques. Aussi plus de deux cents jeunes gens, âgés de moins de vingt ans, s'y pressent aussitôt, et y trouvent en outre une protection contre toutes les tentations de l'oisiveté. N'étaient-ce pas déjà des « universités populaires » — mais saines et pratiques — que ces institutions faites pour le peuple et auxquelles le chanoine Blain donne (en 1733) le nom « d'académies chrétiennes » ? N'y doit-on pas voir le germe de ce qui sera plus tard école d'arts et métiers ou école commerciale ? Mais, comme toutes les choses utiles, les œuvres dominicales eurent de difficiles commencements. Si elles étaient bienfaisantes en permettant de suivre les écoliers passant de l'école à l'atelier et commençant l'apprentissage de la vie, elles nécessitaient des maîtres plus instruits que les autres, surtout pour le dessin et les mathématiques. Il les fallut former; mais plusieurs prirent vanité de leur savoir et, se laissant entraîner par l'intérêt, désertèrent les écoles. Effrayés par leur exemple, les autres Frères se refusaient à acquérir les connaissances nécessaires pour les remplacer. Les écoles dominicales, comme le séminaire pour les maîtres d'école de la campagne, furent ainsi compromises et perdues par l'infidélité de ceux qui en avaient la charge; et le saint, accablé de reproches, voyant périr les plus fécondes de ses œuvres, eut encore la douleur d'être regardé comme la cause de ces désastres.

Une persécution douloureuse, en effet, s'exerçait

alors contre lui et, sous des formes diverses, pour des motifs variés, devait le poursuivre jusque sur son lit de mort. Non seulement quelques-uns de ses enfants l'avaient trahi et abandonné, mais ses meilleurs protecteurs s'étaient retournés contre lui. Déjà, à maintes reprises, M. de la Chétardie, quoique dur pour lui-même, avait réprouvé comme trop sévère la discipline du noviciat et cherché à modifier les règles de l'Institut, en plaçant les Frères sous l'autorité des curés de paroisse bien plus que sous la direction de leur supérieur. De son côté, M. de la Salle, s'il obéissait docilement pour la tenue des écoles au curé dont elles dépendaient depuis l'arrangement conclu avec l'écolâtre, insistait avec fermeté pour maintenir indépendante la communauté dont la régularité faisait la force, et qui aurait vite perdu toute influence sur ses membres si chacun de ses protecteurs avait pu la conduire à son gré. Un incident, pendant un voyage du saint à Reims, suffit à faire éclater le conflit.

D'un caractère dur et d'un esprit peu éclairé, le Frère Michel, maître des novices, et le Frère Pons, directeur des écoles de Paris, apportaient en tout une rigueur exagérée et maladroite. Deux novices successivement eurent le droit de se plaindre d'être par eux maltraités. La paternelle douceur du saint eut aisément tout apaisé; mais, lui absent, c'est à M. de la Chétardie qu'ils vinrent porter leurs plaintes. La première le troubla, la seconde l'indigna. Elles répondaient trop bien à ses préoccupations antérieures pour n'être pas accueillies comme une preuve de la dureté excessive que le supérieur avait imposée comme règle, et de l'entêtement avec lequel il la maintenait sans écouter aucun conseil. Un mémoire, rédigé avec adresse pour être remis à l'archevêque, rejetait toute la responsabilité sur M. de la Salle, insistant sur le dégoût inspiré aux Frères par la rigueur de l'Institut et sur l'incapacité du supérieur à les maintenir unis et fidèles. Le cardinal de Noailles, qui de longtemps connaissait l'Institut comme son supérieur et appréciait à haut prix les résultats acquis par leurs efforts, ne pouvait, malgré sa surprise, repousser une dénonciation aussi solennelle. Il prescrivit une enquête dont fut chargé un vénérable docteur de Sorbonne, le vicaire général Pirot. Elle n'apporta point de preuves à l'appui des allégations émises; au contraire, elle mit en lumière l'union des Frères entre eux et l'affection profonde de tous pour leur supérieur. Néanmoins, le rapport conclut contre M. de la Salle. Celui-ci était revenu au cours de l'enquête dont le motif avait été tenu secret; il prit les interrogatoires que M. Pirot faisait subir aux Frères et aux novices pour un témoignage visible de la sollicitude de l'archevêque. Aussitôt il court remercier le prélat qui le reçoit avec sa bonté accoutumée, mais pour lui faire cette déclaration inattendue : « Monsieur, vous n'êtes plus supérieur; j'ai pourvu votre communauté d'un autre ».

Aucun coup plus rude et moins prévu ne pouvait être porté au fondateur, uni de cœur et d'âme à la chère communauté qu'il avait créée au prix de durs labeurs. Mais toujours docile à la volonté de Dieu, plein de déférence pour son archevêque, recherchant avec joie les souffrances, il accepte la sentence sans même en demander les motifs et rentre calme parmi les Frères pour prendre le dernier rang. Quelques jours après, M. Pirot revint pour présenter à la communauté M. Bricot, désigné par l'archevêque comme supérieur. « Sur ce mot de supérieur, la plupart des Frères se sont écriés qu'ils ne reconnaissaient d'autres supérieurs que Son Éminence et M. de la Salle. M. le grand vicaire leur dit qu'il fallait obéir à Son Éminence, et, leur montrant l'acte signé de Mgr le cardinal, que s'ils refusaient d'y obéir, ils seraient punis comme des rebelles. Les Frères luy répliquèrent qu'ils honoraient beaucoup Son Éminence, mais qu'ils ne pouvaient se résoudre à accepter d'autre supérieur que M. de la Salle, qu'ils aimaient mieux mourir que d'avoir d'autre supérieur que lui, qu'il étaient disposés d'aller en prison et hors du royaume, où il plairait à Son Éminence de les reléguer, et même à la mort.... Pendant que lesdits Frères faisaient ces réponses, M. de la Salle était là présent, qui les priait avec instances à deux genoux, la larme à l'œil et les mains jointes, de se soumettre aux ordres de Monseigneur qui leur estaient signifiés par M. le grand vicaire; mais ils luy répondirent qu'ils lui obéiraient en toutes autres choses, mais que pour cet article ils ne le pouvaient faire et ne le feraient pas[1]. » Une résistance à la fois si modérée et si ferme, de la part de pauvres Frères qui ne se laissent point intimider par les grands de la terre, prouve la sincérité de leurs sentiments; elle atteste

---

1. Lettre de Charles de la Grange, curé de Villiers-le-Bel à M. Guiart, curé de Laon, citée par partie dans Blain et Maillefer, en entier par M. l'abbé Guibert.

aussi leur attachement pour M. de la Salle et, par suite, l'inanité des accusations formulées contre lui. En vain lui-même insiste et insinue qu'après réflexion les Frères céderont : « C'est ce que vous ne devez pas promettre, répondent-ils; notre résolution est liée à notre vœu; l'une dépend de l'autre, et l'une comme l'autre est une exclusion pour le nouveau supérieur. Si, malgré notre résistance, on l'introduit dans la maison, il y pourra amener de nouveaux sujets qui lui promettront obéissance, il la trouvera libre; car, quant à nous, nous sortirons avec celui à qui nous l'avons promise[1]. »

Les adversaires du saint ne manquèrent pas de donner à entendre qu'il encourageait sous main cette résistance. Pour en triompher, le cardinal résolut de traiter les Frères en rebelles et fit annoncer à M. de la Salle qu'il allait être exilé. Le saint répondit « qu'il était tout prêt d'aller où il plairait à Son Éminence de l'envoyer, que ce qui le consolait était qu'il trouverait Dieu partout, et que ce serait un bonheur pour luy que de souffrir, et que pour ce qui était du vivre et du vêtir, il n'en pouvait avoir moins qu'il n'avait[2] ». Les Frères, de leur côté, passent un jour et une nuit dans le jeûne et la prière, puis se préparent à quitter à la fois les écoles et la maison de Saint-Cassien. A cette nouvelle, le curé de Saint-Sulpice vient trouver M. de la Salle pour qu'il empêche ce départ. Le cardinal aussi retire devant le Parlement la demande de bannissement. Les entrevues, les conciliabules se multi-

---

1. Blain.
2. Lettre de Ch. de la Grange déjà citée.

plient. Voulant à tout prix apaiser le prélat, le saint va se jeter en larmes à ses pieds, pour affirmer encore ses sentiments d'obéissance personnelle et son désir, son espérance même de voir céder les Frères. « Mais, dit Blain, le cardinal, prêt à aller à Conflans, demeura dans un morne silence quand il vit M. de la Salle à ses pieds.... Le prêtre, sur qui se portaient tous les regards, restait à terre prosterné, devant la compagnie présente qui en avait pitié, et l'archevêque se taisait. Il partit même sur-le-champ, et laissa le serviteur de Dieu le visage collé sur le plancher qu'il arrosait de larmes. » L'humilité et la faiblesse devaient pourtant triompher de la puissance et du dédain. M. de la Chétardie aurait voulu éloigner M. de la Salle et garder l'Institut, mais, les trouvant inséparablement unis, il ne pouvait se résoudre à sacrifier les écoles. Il chargea donc un des prêtres de sa compagnie, M. Madot, plus tard évêque de Chalon-sur-Saône, de transiger en sauvegardant le respect dû à l'archevêque. Après des entrevues multiples et des conversations subtiles, où la diplomatie la plus raffinée est mise en œuvre pour circonvenir les Frères, surprendre leur franchise et réduire leur opposition, leur simplicité triomphe de toutes les habiletés. Ils obtiennent enfin gain de cause; ils conservent leur règle sans changement; M. de la Salle reste leur guide aimé; ils reçoivent seulement par bienséance le nouveau supérieur, M. Bricot; ils chantent même avec lui un *Te Deum*, après lequel, il se retire. Il revint encore une fois, trois mois après, et ensuite ne reparut plus.

La terrible épreuve, qui avait duré plusieurs mois,

était ainsi terminée (janvier 1703) et l'Institut en sortait raffermi. Mais il ne fallait pas fournir prétexte à de nouvelles accusations. Bien qu'il fût convaincu, comme sainte Thérèse, « qu'il y a plus de grâce là où il y a moins de nature », et que les mortifications austères font la vie fervente, M. de la Salle adoucit beaucoup les dures pénitences qui avaient d'ailleurs exténué la santé des Frères attachés au labeur fatigant des écoles. A ceux qui exprimaient quelque regret, il répondit avec simplicité : « Dieu nous a fait voir qu'il ne les fallait pas continuer ». Cette prudence n'empêcha pas d'autres tourments. Ceux que leurs préjugés avaient rendus les adversaires du saint, et à leur tête un nouveau supérieur nominal qui avait remplacé M. Bricot, changent alors de tactique. Ils entourent les Frères, affectent de les plaindre, les excitent les uns contre les autres et flattent leur vanité à propos de leurs succès. Par ces intrigues ils en détachent ainsi deux qui partent pour fonder, sans y réussir d'ailleurs, une école séparée de l'Institut. Le F. Michel, dont la dureté avait été la cause de tant de troubles, se révolte à son tour, avec un des anciens Frères ; refusé à la Trappe il revient confus et repentant. D'autres, nous l'avons vu, entraînent par leur désertion la fermeture temporaire de l'école dominicale ; car les Frères effrayés par ces exemples, refusent d'acquérir un savoir qui a fait tourner les têtes ; ils écrivent même un mémoire sur le danger des écoles dominicales. En vain, M. de la Salle va trouver M. de la Chétardie, pour lui expliquer ses embarras et calmer son mécontentement. Une première fois mal reçu, il est à la seconde visite traité de menteur. « C'est, Monsieur, dit-il respectueusement, c'est avec ce mensonge que je vais dire la sainte messe. » Heureusement un Frère s'offrit bientôt pour étudier les sciences, et l'école dominicale put rouvrir ses portes à l'affluence de ses élèves.

Autres difficultés à propos de la maison vaste et retirée de Notre-Dame des Vertus où les Frères avaient trouvé une demeure si convenable. La communauté n'en était toujours que locataire, et M. de la Salle aurait voulu y fixer l'Institut. Un moment il crut toucher au but : un legs lui fut promis à cette intention, mais des rivalités sourdes détournèrent ce don. La maison passa en d'autres mains, il fallut se préparer à la quitter, et d'ailleurs les Frères, sans cesse harcelés, pressaient le fondateur de s'éloigner quelque temps de Saint-Sulpice, et de transporter le noviciat au faubourg Saint-Antoine. Ce fut, rue de Charonne, un pauvre foyer où tous les maîtres après tant d'orages aimaient à se retrouver dans la paix. Pourtant la misère et la détresse y furent souvent extrêmes, malgré les charitables secours que donnèrent longtemps à l'Institut les sœurs dominicaines de la Croix, établies dans une maison voisine. L'école dominicale avait suivi la communauté et fut rapidement florissante au grand profit de ces quartiers populeux. Les rares vertus du fondateur et le bienfait des écoles faisaient d'ailleurs aimer le nom de la Salle, et les exemples de sa charité étaient parfois aussi héroïques que ceux de la *Légende dorée*. Témoin ce fait que raconte Maillefer. Appelé un jour par le gouverneur de la Bastille afin de confesser un prêtre enfermé pour quelque délit politique, il trouve le prisonnier dans un état lamentable, avec

des vêtements en lambeaux, sans linge et couvert
de vermine ; il le réconforte d'abord avec les paroles
divines d'amour et de pardon, puis, ému de sa misère, il lui donne son linge et ses vêtements pour
endosser à la place de sordides haillons que son manteau dissimule à peine. Ainsi, quand il pouvait goûter
la douceur de la solitude au faubourg Saint-Antoine,
dans le court répit des persécutions, le serviteur de
Dieu était toujours le serviteur des humbles, ignorants ou souffrants.

Rien n'est plus frappant que de mettre en regard du
tableau de ces épreuves, sans cesse et partout renais-
santes, l'expressive énumération des fondations qui
se succèdent d'année en année, même dans les temps
d'affliction, comme les riches moissons mûrissant à
leur heure récompensent la peine et le travail. En
1699, l'évêque de Chartres reçoit enfin les Frères
qu'il demandait depuis longtemps à M. de la Salle.
Par un mandement spécial il explique admirablement pourquoi il a créé les écoles chrétiennes :
« Nous avons cru en cela contribuer beaucoup à la
décharge des pères et des mères, lesquels sont indis-
pensablement obligés à élever chrétiennement leurs
enfants, et qui néanmoins souvent ne peuvent le faire
avec succès, en étant détournés par leurs occupations et leurs emplois, ou manquant eux-mêmes des
qualités nécessaires pour y réussir. Qu'ils pensent
néanmoins avec tremblement à ces paroles si redoutables de saint Paul, *que les mères* (on doit dire à
plus forte raison la même chose des pères) *ne se
sauveront que par la bonne éducation qu'elles procu-
reront à leurs enfants* ; faisant en sorte qu'ils de-

meurent dans la foi, dans la charité, dans la sainteté et dans une vie réglée. » Le pieux prélat s'occupait avec sollicitude de la vie des Frères et se plaisait à visiter souvent les écoles. Il aimait en M. de la Salle un ancien condisciple et l'honorait pour ses vertus, estimant toutefois excessive la rigueur des règles de l'Institut, et priant avec instance le fondateur de les adoucir pour lui et pour les maîtres. Il eût voulu que les Frères et leurs élèves allassent aux offices des diverses paroisses pour raviver la piété par leurs exemples. Mais sur ce point, comme sur le retour à la lecture en latin qu'il eût préférée, il se rendit aux raisons de M. de la Salle, et tant qu'il vécut les écoles chrétiennes ne cessèrent de se développer à Chartres.

Désormais chaque année voit des fondations nouvelles dans quelque ville importante. En 1700, à Calais, si les Frères sont désirés, c'est à cause de l'impression édifiante produite un jour par les enfants de Saint-Sulpice sur un digne habitant de la ville de passage dans la capitale; et leur établissement pour lequel s'employèrent et le crédit du duc de Béthune et l'infatigable dévouement d'un homme de bien, M. Gense, fut particulièrement profitable aux enfants des matelots jusque-là fort abandonnés. En 1702, les écoles chrétiennes s'organisent à Troyes avec M. Le Bé, et les années suivantes, c'est M. de Chateau-Blanc, c'est l'archevêque d'Avignon, Mgr Laurent Fiesque, qui les installent dans la vieille cité des Papes. En 1705, enfin, c'est à Darnétal, c'est à Rouen que les voudraient voir Mgr Colbert et le premier président de Pont-Carré.

L'appel arrivait fort à propos, car une persécution

nouvelle s'était déchaînée tout à coup avec violence, et les Frères chassés, dispersés, traqués, restaient sans asile. Les maîtres écrivains, en effet, sentant bien que l'appui de Saint-Sulpice, qui avait soutenu les Frères contre les petites écoles, leur manquait désormais, élevèrent à leur tour leurs revendications, notamment contre l'école dominicale de la rue de Charonne et le séminaire de la paroisse Saint-Hippolyte, car ils prétendaient avoir le monopole de l'enseignement de l'écriture et du dessin. Ils soutenaient, en outre, que M. de la Salle recevait des enfants dont les familles pouvaient payer la rétribution scolaire. Requête, puis saisie du matériel scolaire, assignation au Châtelet et condamnation par défaut, le tout se fit en quinze jours (février 1704); et en même temps les maîtres des petites écoles obtenaient une sentence presque identique, interdisant aux écoles de charité de recevoir des enfants non indigents. M. de la Salle, qui ne s'était pas défendu, estimant que sa cause était celle des pauvres et que les magistrats la devaient prendre en main, encouragea les Frères, fit continuer les classes, et la communauté trop pauvre ne paya point les amendes. En juin, nouvelle requête pour amener l'exécution de la sentence précédente, et bientôt nouvelle condamnation au Châtelet (29 août 1704) aggravant les amendes et faisant défense aux Frères d'habiter ensemble, de faire aucun corps de société ou commerce. Le jugement fut affiché aux écoles, mais il ne changea rien sur la paroisse Saint-Sulpice ou au séminaire de Saint-Hippolyte que protégeaient leurs curés. Tout l'orage tomba sur la rue de Charonne où les Frères étaient sans appui. Une fois encore leur maison est ravagée, les classes sont mises à sac, tout est brisé ou pillé. L'école de charité dut être fermée et l'école dominicale, cette création si utile, fut détruite sans retour. Errants et dispersés, les Frères se réfugient çà et là; M. de la Salle et les novices qui lui restent, se cachent d'abord rue Princesse, mais la crainte de soulever contre les écoles sulpiciennes de nouvelles violences les décide à aller sur la paroisse Saint-Roch prendre la direction de quelques classes établies rue Saint-Honoré, près le célèbre couvent des Jacobins.

C'est là que l'appel parti de Rouen les vient trouver. Invinciblement M. de la Salle est attiré vers cette ville par le souvenir de son premier collaborateur Adrien Nyel, et surtout en mémoire du P. Barré qui jadis, par sa réforme des écoles, lui montra la voie et décida de sa mission. N'était-ce pas d'ailleurs un moyen providentiellement offert pour échapper aux persécutions, asseoir définitivement l'Institut et le compléter par des créations nouvelles? M. de la Salle va y passer quelques années fructueuses, et c'est là qu'après les épreuves qui assombrissent le soir de sa vie, il reviendra mourir au milieu de ses enfants.

CHAPITRE VIII

L'EXODE A ROUEN. — LE PENSIONNAT DE SAINT-YON.
L'EXPANSION DES ÉCOLES CHRÉTIENNES

(1705-1711)]

Aux portes de Rouen, Darnétal était alors un gros bourg déjà peuplé d'ouvriers. Jadis Mme Maillefer pour les filles, M. de Bimorel pour les garçons, avaient organisé, au milieu de cette population laborieuse, des écoles charitables. En appelant les Frères, le curé, M. des Hayes, ancien condisciple de J.-B. de la Salle à Saint-Sulpice, ne pouvait offrir que des ressources bien insuffisantes, un logement et cent cinquante livres. Mais n'était-ce pas là le chemin pour entrer à Rouen et y développer l'action de l'Institut ? M. de la Salle accepta donc cette charge non sans s'être assuré toutefois que, d'une part, les Frères ne se trouveraient pas isolés et privés des secours religieux, ce qui eût amoindri leur ferveur ; et que, d'autre part, ils ne seraient pas requis de chanter au lutrin et de participer au service paroissial, ce qui aurait détruit leur régularité. Comme l'avait prévu le saint, les succès rapidement obtenus à Darnétal attirèrent l'attention de la grande ville. Là, à côté des écoles payantes, nombreuses et dirigées par la corporation des maîtres écrivains fort jalouse de son monopole, il y avait pour les pauvres des écoles de charité, quatre paroissiales et une à l'Hôpital général. Fondées dès le xvie siècle, elles avaient été relevées par Adrien Nyel et les compagnons qu'il avait groupés; mais elles étaient ensuite tombées en désarroi, toujours pour la même cause, l'impossibilité de recruter de bons maîtres.

Aussi l'archevêque de Rouen, Mgr Colbert, les voulut confier aux Frères. Mais il avait compté sans le Bureau des pauvres valides, qui nommait les maîtres et les payait sur les ressources de l'Hôpital général, en même temps qu'il distribuait aux pauvres non malades les secours de la charité privée et des fondations pieuses. Les légitimes scrupules de la responsabilité et la crainte naturelle de s'aventurer dans l'inconnu rendaient le Bureau hésitant à se dessaisir en faveur d'une communauté vis-à-vis de laquelle il demeurerait ensuite sans recours efficaces. L'archevêque fit appel à un homme considérable par les vertus et l'autorité, le premier président du Parlement de Normandie, M. de Pont-Carré; et tous deux, également dévoués aux Frères et à leur œuvre, se rendirent au Bureau pour écarter les réclamations, répondre aux objections et vaincre les résistances. Encore n'arriva-t-on, après de nouvelles négociations, qu'à un essai provisoire aux conditions peu encourageantes : deux Frères logés à l'Hôpital, recevant chacun 36 livres par an à charge à la fois de tenir une école et de servir les pauvres. M. de la Salle accepte et amène les deux Frères, faisant avec eux à pied un voyage qui, de Paris à

Rouen, ne fut qu'une suite de pieux exercices. Les maîtres furent installés à Saint-Maclou et à Saint-Godard, le 19 mai 1705. En quelques semaines, le Bureau les voyant à l'œuvre, apprend à les apprécier et en demande d'autres. Bientôt la confiance des familles leur amène plus de cinq cents enfants. Mais les maîtres écrivains se prétendent ruinés et obtiennent une décision du Bureau interdisant d'accueillir dans les écoles de charité les écoliers non porteurs d'un certificat d'indigence. Rien n'y fait : les écoles n'en sont pas moins pleines et les Frères moins exténués, car ils doivent servir les pauvres le matin, au repas du jour, et encore le soir pour le souper et l'instruction religieuse. En 1707, sur les conseils de M. de Pont-Carré, M. de la Salle réclame un nouvel arrangement et finit par accepter le charge des cinq écoles, desservies par dix Frères, moyennant la somme presque dérisoire de six cents livres. Encore fallait-il désormais loger les Frères, qui, dégagés des soins hospitaliers, revenaient à la vie régulière de leur communauté et durent aller vivre ensemble dans une demeure choisie pour eux sur la paroisse Saint-Nicolas.

Mais en même temps le saint avait pu faire à Rouen une fondation appelée à un grand avenir. Le noviciat, chassé par la violence du faubourg Saint-Antoine, réfugié tantôt à Saint-Sulpice, tantôt à Saint-Roch, partout traqué, avait perdu, avec la stabilité et le recueillement, son efficacité et son attrait : il était presque déserté. M. de la Salle, en arrivant à Rouen, songea à le reconstituer, et Mgr Colbert lui donna son appui, désignant lui-même la maison où il fallait l'établir. C'était au faubourg de Saint-Sever, une ancienne demeure seigneuriale, portant le nom de Saint-Yon, avec de vastes bâtiments enveloppés de grands arbres. Elle appartenait à la marquise de Louvois dont le beau-frère, l'archevêque Maurice Le Tellier, avait béni jadis à Reims les débuts de M. de la Salle ; grâce au souvenir de ces anciennes relations, le bail fut aisément conclu. Le noviciat était installé dans l'automne de 1705, sous la direction habile et prudente du Frère Barthélemy, qui devait, après le fondateur, devenir le premier supérieur de l'Institut. Peu à peu, les novices, que tant de vicissitudes avaient rendus très peu nombreux, affluèrent de nouveau autour du saint.

C'était toujours avec eux, au milieu des Frères, qu'il aimait le mieux vivre ; et à Saint-Yon, où tant de pieux laïques, comme M. de Pont-Carré, venaient chercher près de lui le calme des choses saintes, il reprit pour tous ses disciples les retraites annuelles, comme jadis au noviciat de Vaugirard ou à la maison de Notre-Dame des Dix-Vertus. Il les réchauffait alors à sa ferveur, les animait de son dévouement, les éclairait par ses conseils dans la conversation individuelle ou les instructions générales. Le Frère Lucard dit expressément que les méditations de l'après-midi sur « l'emploi de l'école », remontent aux premières retraites de Saint-Yon. Le saint en a résumé lui-même les enseignements sous le titre de *Méditations pour le temps de la retraite*, faisant à la fois un livre d'apostolat et un manuel de pédagogie, montrant les moyens propres à exercer sur les enfants un ascendant moral, relevant enfin la dignité des fonctions du maître d'école en donnant pour but à ses efforts de former des chrétiens. « Oh! quelle gloire ne sera-ce pas pour les personnes qui auront instruit la jeunesse, quand leur zèle et leur application à procurer le salut des enfants sera publié devant tous les hommes, et que tout le ciel retentira des actions de grâces que ces enfants bienheureux rendront à ceux qui leur auront appris le chemin du ciel. » Cette pensée, qui termine les *Méditations*, ramène l'esprit en face de l'idée qui inspire le saint dans l'enseignement populaire. Il ne s'agit pas tant de développer les connaissances scolaires, quelque importantes qu'elles puissent être pour la conquête du pain quotidien : il faut avant tout assurer la culture morale aux masses populaires qui en sont souvent déshéritées, et qui dans les villes grandissantes en ont de plus en plus besoin. C'est en effet par la pratique de la loi de Dieu que l'homme s'élève et prospère; et s'il la renie, il se dégrade au-dessous du sauvage.

Une autre création, féconde entre toutes, vit le jour à Saint-Yon. L'évolution économique et l'essor de la culture intellectuelle, la naissance des manufactures et le développement des cités donnaient une importance nouvelle aux classes moyennes. L'instruction primaire, puisée aux petites écoles, devenait pour elles insuffisante. L'enseignement des collèges qui employaient neuf années à l'étude presque exclusive des Latins et des Grecs, répondait seulement aux besoins des classes libérales. Entre les deux, rien. Pour ne pas repousser la confiance des familles qui lui demandaient de se charger de leurs enfants, M. de la Salle dut chercher à combler cette lacune en ouvrant à Saint-Yon un pensionnat destiné à devenir le type de ce qu'on nomme aujourd'hui l'enseignement secondaire moderne. « C'est à l'abbé de la Salle, M. Duruy le proclame impartialement dans son rapport sur l'enseignement technique (2 mars 1867), que la France est redevable de la mise en pratique et de la vulgarisation de cet enseignement nouveau.... Bientôt de ce premier essai sortit un enseignement qui, s'il avait été régularisé, aurait avancé d'un siècle l'organisation des études d'adultes et même de l'enseignement secondaire spécial, dont notre temps s'honore à juste titre. »

Au Pensionnat de Saint-Yon, une stricte régularité présidait à l'emploi du temps. La religion, c'est-à-dire le catéchisme avec l'histoire sainte, était la base fondamentale. Le programme comprenait deux divisions correspondant à peu près à ce que nous appelons aujourd'hui l'enseignement primaire supérieur et l'enseignement secondaire moderne. « L'on enseigne à Saint-Yon, d'après un ancien *Tableau de Rouen* daté de 1774, tout ce qui concerne le commerce, la finance, le militaire, l'architecture et les mathématiques. »[1] Très heureusement approprié aux nécessités nouvelles de l'époque, dirigé dans un grand esprit de foi, avec la régularité et l'habileté qui rendent les études fécondes, le Pensionnat réussit à merveille. « La plupart des enfants, dit Blain, montraient tant de modestie, de piété et de docilité

---

1. « Voilà bien, comment ne pas le confesser ? le point de départ de l'enseignement primaire supérieur et le premier dessein de l'enseignement secondaire spécial » (*Dictionnaire de Pédagogie* de M. Buisson, t. I, p. 1110).

que ceux-là mêmes qui les avaient engendrés, avaient peine à croire ce qu'ils voyaient de leurs yeux. » Aussi les élèves affluaient : « On en adressait, au dire de Maillefer, de tous païs ». N'était-ce pas remplir la fin de l'Institut que d'élever et de former dans l'innocence et la connaissance de la religion toute cette jeunesse qui venait vers lui ? Et l'enseignement populaire d'ailleurs en bénéficiait aussitôt, car les profits du Pensionnat étaient appliqués à soutenir les écoles de charité.

Ce n'est pas tout. Connaissant l'ascendant que le saint exerçait autour de lui par sa piété douce et ferme, beaucoup de parents voulurent lui confier, pour les corriger, les enfants indisciplinés et mutins, les « libertins », comme on disait alors. Il fallut réserver pour eux une division spéciale, puisqu'ils étaient enfermés par autorité paternelle; mais ils suivaient la plupart des exercices des élèves libres, et voyaient diminuer la contrainte à mesure qu'ils s'amendaient sous l'influence de la discipline et de l'exemple. Les succès furent rapides et décisifs, et, comme toujours, ils devinrent le stimulant de nouveaux efforts. M. le premier président de Pont-Carré, qui visitait souvent l'Institut, s'intéressant au Pensionnat ou au noviciat autant qu'aux écoles, pria bientôt M. de la Salle de recevoir à Saint-Yon les enfants envoyés en correction après quelque arrêt ou enfermés par « lettres de petit cachet », le séjour de la prison étant pour eux, non point un moyen de relèvement, mais au contraire une cause de démoralisation plus grande. Après quelque hésitation, le saint accepta cette difficile mission en raison du bien certain qui en devait résulter, et Saint-Yon devint la première des écoles de réforme, colonies agricoles, maisons paternelles, si fort développées de nos jours. Parmi les enfants ainsi envoyés en correction, les uns, les plus nombreux, participaient à l'enseignement de la maison ; les autres s'adonnaient au travail manuel, ce qui nécessita l'organisation de divers ateliers de sculpture, serrurerie, menuiserie, etc. Les résultats furent des plus encourageants : « Il n'est pas croyable, dit Blain, combien de gens foncièrement pervertis, ont trouvé leur conversion dans cette maison, combien d'enfants rebelles et indomptables y ont perdu leur férocité et leur impiété, combien d'autres sont rentrés dans le devoir et le chemin du salut!... Enfin la plupart de ceux qui y ont été élevés font honneur à la maison, et donnent l'exemple de leur sainte vie pour preuve de la bonne éducation qu'on y reçoit[1]. »

Saint-Yon, avec le calme et la solitude qu'il y pouvait goûter, avec l'attrait des fondations qu'il avait si rapidement fait éclore à ce foyer nouveau,

1. Qu'on nous permette de rapprocher de cet humble commencement le magnifique épanouissement d'une institution sortie de ce petit grain de sénevé dans la libre Amérique. Nous avons un jour visité à New-York le *Catholic Protectory* dirigé par les Frères, et nous avons sous les yeux le 37ᵉ rapport annuel sur cet établissement modèle. En 1899, il a étendu son action sur 4086 enfants, dont en moyenne 2720 présents dans l'établissement où ils reçoivent l'instruction scolaire, un enseignement professionnel perfectionné, en même temps que l'éducation morale qui les corrige. Ce n'est qu'un exemple, mais chacun peut le vérifier avec beaucoup d'autres en allant visiter la très belle exposition de l'Institut des Frères au palais du Champ-de-Mars.

était pour le saint un séjour préféré, et le temps qu'il y passa fut peut-être le plus tranquille de sa vie. Toutefois ce ne fut qu'un court répit, et encore traversé par bien des soucis à Rouen et à Paris. Avec le curé de Saint-Sever, préoccupé d'assurer à son église des paroissiens édifiants et assidus, il fallut, par une convention, s'engager à conduire les pensionnaires à la messe paroissiale ; plus tard cette condition, impossible à remplir pour les « libertins », devint l'occasion de douloureux démêlés. D'autres difficultés surgirent : à Saint-Nicolas où le curé voulait que les Frères malgré leur pauvreté rendissent le pain bénit, ce que l'archevêque trancha en décidant qu'ils l'offriraient en effet, mais que le curé le paierait ; vis-à-vis des autorités de la ville aussi, auxquelles on représentait les pensionnaires comme mal instruits et mal nourris ; accusation que suffit à réfuter une visite personnelle de l'intendant à Saint-Yon où l'amèna M. de Pont-Carré. Mais à Paris où la tourmente n'avait guère cessé, elle redevint parfois violente.

Après que la maison du faubourg Saint-Antoine eut été mise à sac, M. de la Salle avait bien prévu que les maîtres écrivains, rendus plus ardents par le succès, tourneraient leurs efforts contre les écoles sulpiciennes. Ils ne tardèrent pas à en venir troubler les classes, pourchassant les écoliers et intimidant les maîtres. Au 4 août 1705, ils s'enhardissent et pillent l'école de la rue Princesse, trop tard et trop mollement soutenue par M. de la Chétardie. Au 5 février 1706, c'est une sentence du Parlement, obtenue par les maîtres des petites écoles, confirmant les arrêts du Châtelet et défendant à M. de la

Salle ou à tous autres de tenir de petites écoles sans la permission du Chantre, et d'établir aucune sorte de communauté de maîtres. C'était, à vrai dire, revenir sur l'arrangement conclu en 1699. En apparence plus modérés, les maîtres écrivains se contentaient d'exiger que les écoles de charité ne reçussent que des enfants de parents indigents, mais cela suffisait pour que leurs syndics s'arrogeassent le droit d'exercer un contrôle qui entretenait le désordre.

Tout aurait été pacifié, si le curé de Saint-Sulpice avait revendiqué son droit sur les écoles de charité de la paroisse. Mais M. de la Chétardie, qui persistait à penser que l'Institut devait être autrement conduit, était toujours fort mal disposé pour M. de la Salle et laissait le champ libre à ses adversaires. Afin de l'obliger à céder, il se montrait prêt à abandonner les Frères, et n'hésitait pas à recourir à des vexations réitérées, tantôt mesquines, tantôt graves. Un jour, c'est le paiement des subsides dus aux maîtres qui est retardé ou même refusé; une autre fois, c'est l'intrigue qui cherche de nouveau à supplanter le supérieur. Pour faire cesser cette opposition toute personnelle, le saint se retire et se cache au couvent des Carmes déchaussés de la rue de Vaugirard. Une touchante dévotion l'attirait, en effet, vers sainte Thérèse près de laquelle il avait appris à pratiquer l'oraison et à aimer la souffrance. « Son attrait pour la prière, ajoute Blain, était si grand qu'elle était son élément et sa nourriture. » Aussi puisa-t-il, au dire de Maillefer, « de nouvelles forces dans une prière continuelle pour être en état de soutenir avec courage les peines et les traverses qu'il prévoyait dès lors ». Il ne s'était pas trompé : lui disparu, les rapports entre le curé et les écoles se détendent et les traitements dus sont payés. Mais dès que le saint sort de sa retraite, les difficultés renaissent; elles vont si loin qu'à bout de courage les Frères demandent à être envoyés ailleurs, et M. de la Salle abandonne les écoles de Saint-Sulpice après les avoir dirigées pendant dix-huit ans. Les classes restèrent fermées pendant trois mois. En vain on essaya de les rouvrir et de les faire diriger par d'autres, souvent par d'anciens Frères qui avaient déserté la communauté. Les instances des familles, pour réclamer le retour des maîtres qu'elles aimaient, furent si pressantes, et les efforts tentés pour se passer d'eux échouèrent si piteusement qu'il fallut bien que M. de la Chétardie vînt prier M. de la Salle de les faire revenir. Un arrangement définitif fut d'abord conclu avec les maîtres écrivains et les maîtres des petites écoles : d'une part, M. de la Chétardie affirmait son droit et sa volonté de faire gérer les écoles de charité par les Frères qui ne devaient être en rien molestés ; d'autre part, il s'engageait à faire tenir par un vicaire, spécialement délégué à ce contrôle, un registre d'inscription des enfants et à n'admettre aux écoles gratuites que ceux reconnus comme vraiment pauvres. Ainsi se terminaient, pour ne plus se reproduire, de bien longs différends. Les Frères rentrèrent dans les écoles en octobre 1706 et y furent reçus par de joyeuses ovations.

Toujours féconde, même au milieu des plus grandes tribulations, la vie du saint, après l'apaisement des pénibles querelles suscitées par les maîtres d'écoles de la capitale, fut plus tranquille sans cesser d'être aussi utile. A Paris, il put enfin, en 1707, donner aux Frères, qui depuis le premier jour habitaient le logis étroit et malsain de la rue Princesse, une demeure suffisante et salubre, près de la barrière de Sèvres[1]. A Rouen, c'est à ce moment qu'il développe à Saint-Yon le noviciat, le pensionnat et l'école de réforme. Tantôt dans l'une, tantôt dans l'autre de ces retraites, il fut souvent retenu par la maladie et les infirmités qui étaient pour lui la conséquence cruelle de mortifications trop prolongées.

A Saint-Yon, une loupe au genou nécessita de douloureuses opérations supportées avec sérénité. C'est dans ces occasions qu'il donnait des exemples de patience et de résignation bien propres à se graver en traits ineffaçables dans l'esprit de ses disciples[2]. Ainsi dans cette maladie, le Frère qui était chargé de le veiller, appelé par d'autres devoirs, l'oublia une journée entière sans soins, sans nour-

1. M. l'abbé Guibert, toujours si exact, place cette maison rue de la Barouillère, entre la rue du Cherche-Midi et la rue de Sèvres.

2. « La patience, dit-il, dispose le cœur à souffrir généreusement tous les maux de l'esprit et du cœur pour l'amour de Dieu et pour imiter Jésus-Christ; estimez beaucoup cette vertu et pratiquez-la souvent, vous abandonnant entièrement à Dieu pour souffrir les choses les plus fâcheuses : 1° lorsqu'elles se présentent, les agréant et les acceptant par soumission à la volonté de Dieu ; 2° lorsqu'elles arrivent, les recevant avec patience et humilité sans vous plaindre ; 3° les supportant en silence sans en rien dire à personne ; 4° avec estime, les regardant comme de vrais biens ; 5° avec désir, avec joie, avec actions de grâce. (*Recueils de différents petits traités, de la patience*).

SAINT J.-B. DE LA SALLE.

riture. Loin de se plaindre, le saint se garda de parler à ceux qui le vinrent visiter de la négligence de son infirmier ; sa faiblesse seule le trahit. Une autre fois, un Frère qui était près de lui, voulant lui donner à boire, se trompa et lui versa, au lieu de tisane, de l'huile à brûler. Le malade s'en aperçoit aussitôt, mais ne voulant pas se dérober à la mortification qui s'offre à lui, il boit le breuvage nauséabond. Toute sa vie, il fut ainsi, selon son désir, le martyr de la pénitence ne pouvant l'être de la foi.

Dans la solitude de ces retraites sanctifiées par la souffrance, il se décida à publier de petits livres de piété, composés jadis à Vaugirard et bien « utiles pour les maîtres et pour les écoliers ». Le plus répandu, réédité souvent et tiré à plusieurs centaines de mille exemplaires, a pour titre : *Les devoirs d'un chrétien envers Dieu et les moyens de pouvoir s'en bien acquitter*. Il comprend trois parties, d'abord une petite théologie, claire, facile, à l'usage de tous ; puis, sous forme dialoguée, un catéchisme pour les élèves, rédigé sur le même plan que le premier volume et, par conséquent, différent du catéchisme publié sous le même titre par Claude Joly ; enfin, la dernière partie traite du culte dû à Dieu et se termine par des cantiques bien choisis, simples et instructifs. Là, comme dans la *Conduite des écoles* ou dans les *Méditations*, on retrouve ce profond esprit de christianisme dont il s'était imprégné de si bonne heure au foyer domestique, qui avait inspiré toutes ses fondations et qu'il se plaisait à traduire pour la vie quotidienne en devoirs clairs et précis.

Dans tout le royaume, c'est la période de plus grande extension de l'Institut. Partout on appelle les Frères, et M. de la Salle, sans cesse sollicité, doit veiller avec prudence sur les conditions offertes à ces fondations demandées. Il lui faut ensuite les conduire toutes par ses avis vigilants et son active surveillance, au prix d'une correspondance de conseils intimes, régulièrement entretenue avec tous ses enfants. C'est alors que les écoles s'ouvrent : en 1705 à Dijon, grâce aux libéralités du premier président de la Cour des comptes, M. Rigolley ; en 1706, à Marseille, où elles devaient prendre un si large développement après la grande peste ; en 1707, à Alais, où elles étaient plus nécessaires qu'ailleurs à cause de la vivacité des anciennes luttes religieuses, dans « ce diocèse quasi tout huguenot », où l'école des Frères portait le nom d'*École royale*; la même année à Grenoble, à Valréas et aussi à Mende, avec Mgr de Piencourt, qui écrivait à M. de la Salle : « Je ne puis, monsieur, assez bénir Dieu de vous avoir inspiré le dessein de former des maîtres d'école pour instruire la jeunesse et la former dans la piété chrétienne. Les séminaires forment les bons ecclésiastiques, mais les bons maîtres d'école, donnant les premières impressions de la piété et de la religion, peuvent contribuer à sanctifier tous les chrétiens. » Enfin, en 1708, furent ouvertes des écoles à Saint-Denis, aux portes de Paris. C'est à l'occasion de ces créations multipliées que le fondateur ne pouvant plus, en raison de leur nombre, inspecter lui-même toutes les écoles, institua alors des « visiteurs ». Les deux premiers furent chargés, le Frère Ponce des écoles du Midi, et le Frère Joseph des écoles de Champagne. M. de la Salle se réservait celles de Chartres, Paris, Troyes, Dijon, Calais et Rouen.

En 1709, cependant, l'élan s'arrête pendant la terrible année où Louis XIV fit fondre sa vaisselle d'or. Les rigueurs d'un rude hiver et les souffrances d'une longue famine réduisent la communauté de la rue de Sèvres à une misère aussi lamentable que celle de la maison de Vaugirard en 1693. A Rouen où les Frères, à peine payés, ne pouvaient vivre que des aumônes de la charité, tout manque à la fois, et les dons des bienfaiteurs épuisés, et l'appui de l'archevêque, car à Mgr Colbert a succédé Mgr d'Aubigné fort prévenu contre M. de la Salle. Il fallut au moins continuer à faire vivre les Frères des écoles et ramener les novices à la maison de Paris. Là aussi le pain manquait souvent. « Dussions-nous mourir de faim, répétait le saint, si Dieu nous trouve soumis, il couronnera au moins au ciel notre vertu et nous rangera parmi les martyrs de la patience. » Et plein de cette confiance chrétienne, il laissait sa maison ouverte à tous, même aux postulants dont la persévérance n'était rien moins qu'assurée. De fait, la crise fut traversée sans deuil et sans dette. « Qui était plus pauvre que vous autres, leur disait-il alors, et qui a trouvé dans la pauvreté plus de secours que vous?... Sans biens, sans revenus, sans fonds, vous avez subsisté dans un temps où la famine se faisait sentir ou craindre dans les familles les plus opulentes. Plusieurs communautés, riches ou à leur aise, y ont trouvé leur ruine ou se sont trouvées chargées de dettes. Pour vous, vous voilà ce que vous étiez. Si vous n'avez rien, vous ne devez rien ;

et votre nombre même s'est multiplié dans ces jours malheureux. »

Pourtant à ces maux vinrent encore s'ajouter une épidémie de scorbut dont les santés délabrées eurent peine à triompher; puis de nouveaux efforts heureusement infructueux, cherchant à exploiter le mécontentement des Frères pour les amener à trahir ou à répudier leur fondateur ; enfin des difficultés sur divers points, mais surtout à Chartres où la mort de Mgr Godet des Marais laissait les écoles sans ressources régulières pour subsister et sans protection contre les revendications des maîtres écrivains. Mais jamais les tribulations n'arrêtaient les progrès. Ce fut d'abord la réouverture à Saint-Sulpice des écoles dominicales interrompues depuis cinq années. Ensuite les fondations reprennent et se pressent: en 1710 à Versailles, à Boulogne, à Moulins ; en 1711, enfin aux Vans, où les passions religieuses surexcitées par les succès des Frères, provoquèrent contre eux des violences auxquelles ils n'opposèrent que la prière à Dieu et la douceur envers les hommes.

Ce fut sans doute la crainte que dans ces luttes et ces contacts, la ferveur et l'intégrité de la foi n'eussent à souffrir, qui décida M. de la Salle à entreprendre en janvier 1711 un long voyage pour visiter les écoles du Midi, celle des Vans qui était en formation, celles d'Avignon qui étaient aussi aux prises avec les maîtres écrivains. Ceux-ci élevaient, en effet, leurs revendications ordinaires, voulant exiger que les enfants admis aux écoles gratuites fussent tous de parents inscrits comme indigents. Mais les magistrats de la ville des papes, plus libéraux que ceux de nos parlements, repoussèrent cette prétention, laissant à la libre concurrence le soin de stimuler et de perfectionner l'enseignement populaire[1]. D'Avignon, le saint alla voir aussi les écoles de Marseille, puis, au cours de cette même année 1711, il est subitement rappelé à Paris par l'aggravation soudaine des terribles épreuves qui vont le poursuivre jusque sur son lit de mort.

La fondation de l'école des Vans est, au surplus, la dernière à laquelle M. de la Salle ait mis la main. A ce moment, vingt-cinq villes sont dotées d'écoles chrétiennes, et si nous ne nous sommes pas arrêtés sur l'histoire de ces divers établissements, c'est qu'elle fut toujours la même. D'abord, le souci de procurer aux pauvres l'éducation chrétienne et l'enseignement scolaire qui manquent à leurs enfants ; l'élan est donné, tantôt par des bienfaiteurs généreux, tantôt comme à Chartres par d'éloquents mandements d'évêques, tantôt comme à Dijon par une

[1]. Les arrêts du Châtelet et du Parlement interdisant au sieur de la Salle et à tous autres d'établir aucune société, de mener la vie commune ou d'ouvrir des écoles, ont été parfois cités comme des précédents ou invoqués comme des « lois existantes » dans les persécutions sectaires des vingt dernières années. Il est à peine nécessaire de faire remarquer combien de telles allégations sont erronées. Les difficultés soulevées contre les Frères, il y a deux cents ans, n'étaient en aucune façon inspirées par les préoccupations de « l'esprit laïque » : elles avaient uniquement pour cause le régime fiscal des corporations auxquelles l'État concédait à haut prix des monopoles qu'elles défendaient ensuite avec d'autant plus d'âpreté qu'ils leur coûtaient plus cher. Comme en terre papale, ce motif n'existait pas, la solution vraiment libérale et chrétienne a pu prévaloir à Avignon.

touchante supplique des pauvres eux-mêmes. Mais pour tenir ces écoles de charité si nécessaires, les maîtres instruits, convenables, dévoués, font partout défaut. Alors, soit par les souvenirs rapportés de Saint-Sulpice dans presque tous les diocèses, soit par la vue des fruits excellents obtenus par les Frères, de toutes parts on est conduit vers M. de la Salle. Les maîtres que, par la piété et le renoncement, il a dressés au dévouement absolu, acceptent des charges que nul autre ne pourrait assumer. Les écoles s'ouvrent ainsi de tous côtés, sauvant l'enfance ouvrière de l'oisiveté, du vagabondage et de l'ignorance. Enfin pour les paroisses rurales trop petites pour occuper plusieurs Frères, le séminaire de maîtres d'école prépare aussi des sujets capables de répandre jusque dans les hameaux l'instruction chrétienne. A travers les difficultés et les souffrances, l'œuvre de J.-B. de la Salle est désormais assise sur des bases solides et partout connue par des bienfaits éclatants. Il appartient au temps de la confirmer en faisant lentement grandir les germes féconds qu'elle renferme.

CHAPITRE IX

LES GRANDES CRISES. — LE PROCÈS CRIMINEL
L'EXIL VOLONTAIRE

(1711-1714)

« Une pratique vraiment sublime d'humiliation, dit le chanoine Blain [1], et dans laquelle le saint prêtre s'est exercé avec une grande perfection, a été le sacrifice de sa réputation, qu'il a abandonnée à tous les traits de la médisance, de la calomnie et de l'envie. Contredit, il ne répliquait point; démenti, il se taisait; blâmé, il ne s'excusait point ; condamné, il ne se justifiait point. Il laissait dire et croire de lui et contre lui tout ce qu'on voulait, sans se mettre en peine de détromper le public, ni de semer des apologies, ni d'entreprendre sa justification auprès des personnes qu'il avait intérêt à ménager. Chacun peut comprendre combien cette pratique d'humilité est rare et héroïque. » Toujours pourtant J.-B. de la Salle en fit la règle de sa vie. Quand les maîtres d'école lui intentaient des procès ou même pillaient ses classes, il eût voulu supporter en si-

---

1. *L'esprit et les vertus du bienheureux Jean-Baptiste de la Salle*, chapitre XX, § XVII.

lence leurs persécutions, et c'est seulement dans l'intérêt des pauvres qu'il consentait à se défendre. Faussement accusé en 1702 auprès de l'archevêque, circonvenu et trompé, il s'humilie la face contre terre aux pieds du prélat qui passe sans lui répondre, en le laissant ainsi prosterné. Le saint aurait pu protester contre une justice si partiale, réclamer afin de ne pas être condamné sans avoir été entendu ; il lui aurait été facile de démasquer ses calomniateurs et de faire discerner à tous l'inanité de leurs mensonges. « Les hommes les plus modérés tiennent cette conduite ; les gens de bien croient que l'honneur de la vertu le demande ; il n'y a que les humbles parfaits, avancés dans la science de Jésus, qui aiment mieux s'en tenir à son exemple et à sa pure doctrine qu'à toutes les raisons de la sagesse humaine ou aux commentaires qu'en fait une vertu imparfaite. »[1] Il le montra mieux encore devant l'odieuse persécution qui éclata contre lui en 1711 et le rappela précipitamment de la Provence à Paris.

A toute époque, M. de la Salle, ne pouvant séparer les Frères sans leur faire perdre les forces morales qu'ils puisent dans la vie commune, avait cherché avec une extrême sollicitude à former des maîtres laïques pour les petites paroisses rurales. Le séminaire pour les maîtres d'école de la campagne avait été dès 1684, en Champagne, une de ses premières fondations, malheureusement éphémère. Plus d'une fois, et surtout à Saint-Hippolyte, au faubourg Saint-Marcel, il avait pu la reprendre, mais

---

1. *L'esprit et les vertus de Jean-Baptiste de la Salle*, par le chanoine Blain ; édit. Carion, 1890, p. 343.

rien n'était définitivement assis et garanti à cet égard. Malade à la suite de l'opération douloureuse qu'il avait subie, il reçut, au cours de l'année 1707, la visite d'un jeune homme, âgé de 22 ans, et engagé dans les ordres, M. Clément, fils d'un chirurgien célèbre à Paris. En voyant donner l'enseignement professionnel à l'école de la rue Princesse, son ardeur juvénile s'était éprise du désir de créer une école d'apprentissage. Mais le saint aimait à mûrir lentement les projets et à les ramener vers le but de l'Institut ; aussi ne fut-ce qu'après de longues négociations et de vives instances qu'il consentit à une création nouvelle.

La fondation devait comprendre un séminaire de maîtres d'école pour la camgagne et une école professionnelle. Encore M. de la Salle eut-il soin de prendre l'agrément du cardinal de Noailles. C'est à Saint-Denis, où Mlle Poignant fondait une école en cette même année 1708, qu'une maison fut choisie et achetée treize mille livres par M. Clément. Mais ni lui qui était mineur, ni M. de la Salle dont la communauté n'avait pas reçu de lettres patentes, ne pouvaient passer le contrat. Un ami du saint, M. Rogier, servit d'intermédiaire. Si M. Clément avait été pourvu alors d'un bénéfice ecclésiastique, il eût pu, quoique n'ayant pas vingt-cinq ans, disposer de ses revenus, mais il ne jouissait alors d'aucune prébende et ne put donner à M. Rogier qu'une reconnaissance ; M. de la Salle avança cinq mille deux cents livres qu'il avait reçues et réservées pour faire revivre le séminaire des maîtres de campagne. Le nouvel établissement prospéra, traversa sans trop de peine la crise de la famine en 1709, reçut les encouragements du cardinal de Noailles et, grâce à Mme de Maintenon et au duc du Maine, fut exempté par le Roi de l'obligation de loger et de nourrir les soldats. Le jeune Clément se montrait très satisfait; il refusa soit de rétrocéder la maison que le vendeur eût voulu reprendre, soit de la revendre avec bénéfice comme le proposait M. Rogier, soit d'annuler le marché à l'instigation de son père en prétextant de sa minorité. Rien ne semblait donc menacer l'avenir.

Mais à ce moment tout changea dans la fortune des Clément : le fils obtint une riche abbaye et bientôt le père fut anobli. Comme il arrive fréquemment chez les parvenus, la richesse et la vanité, en leur tournant quelque peu la tête, abaissèrent leurs âmes. Non seulement l'opulent abbé de Saint-Calais se désintéressa de l'humble maison de Saint-Denis, mais il en vint rapidement à renier sa dette et, pour le faire, à prétendre que M. de la Salle lui avait extorqué un engagement en abusant de sa minorité. Revenu précipitamment à Paris au reçu de ces nouvelles, vers la fin de 1711, le saint espéra d'abord que la sincérité de ses explications suffiraient à dissiper des calomnies aussi étranges. Pour éviter tout litige, il offrit même l'abandon de toute la somme versée par lui. Mais il avait affaire à des ennemis qui le voulaient perdre et s'acharnèrent plus encore contre lui, d'autant que l'animosité de ses anciens adversaires se réveilla et les unit à ses nouveaux persécuteurs. En janvier 1712, il est assigné au criminel et au civil par une requête injurieuse. Il rédige un mémoire justificatif accompagné de toutes les pièces, il en fait remise à ses défenseurs, puis confiant dans la pureté de ses intentions et dans leur zèle à les défendre, il repart pour le Midi où tant d'intérêts pressants le réclament.

Rien n'est épargné de ce qui peut l'atteindre dans son honneur. De puissantes influences sont mises en jeu contre lui. Le dossier de sa défense est confié à des avocats prévenus ou gagnés qui délaissent sa cause. Sans difficulté, l'abbé de Saint-Calais obtient l'annulation de sa reconnaissance et même le remboursement des aumônes spontanément apportées par lui depuis plusieurs années. Enfin M. Rogier se fait adjuger la maison de Saint-Denis, bien qu'il n'ait été qu'un prête-nom et n'ait rien payé. Commencé au Châtelet, à la fin de janvier, le procès est fini au milieu de juin. La sentence du 31 mai se termine en faisant défense « au dit sieur de la Salle d'exiger des enfants mineurs de pareils actes et de l'argent et d'user de pareilles voies ». Toutes les assignations sont rédigées ainsi en termes méprisants et tous les arrêts comportent une flétrissure. M. de la Salle n'y est point qualifié supérieur de l'Institut, mais « prêtre du diocèse de Reims », ou « se disant supérieur des Frères de l'école chrétienne de la ville de Reims », ce qui dévoile la persistance des efforts de ceux qui, depuis dix ans, cherchaient par tous les moyens à lui enlever, à Paris, la direction générale des Frères.

Telle fut cette odieuse affaire dans laquelle les machinations perverses eurent un plein succès. Plus tard, il est vrai, M. Rogier, dans son testament « par devoir de conscience », restituera à M. de la Salle la somme ici détournée. Plus tard aussi, l'abbé Clément sera, pour crime d'Etat, frappé d'une condamnation à mort, commuée en prison perpétuelle. Mais, à ce moment, le saint est accablé sous l'injure et le mépris, flétri par des arrêts infamants, déchu à jamais, peut-on croire, de la direction de l'Institut qu'il a fondé. Les Frères eux-mêmes, étourdis sans doute par le fracas de ces condamnations, n'osaient protester en écrivant à leur infortuné fondateur. Ils se bornaient à lui envoyer silencieusement toutes les notifications qui leur parvenaient. Mais en recevant par leurs mains ces pièces qui lui refusaient le titre de supérieur, J.-B. de la Salle dut croire que les Frères de Paris le reniaient eux-mêmes. Il pensa que ceux qui jadis l'avaient défendu avec une irrésistible ténacité, cette fois l'abandonnaient. Pour un temps, il cessa de correspondre avec eux et s'enveloppa de solitude dans sa détresse de banni. Et ce fut un grand préjudice pour la communauté entière, car, dit Blain, « ceux des Frères qui n'étaient pas des plus fervents, ne rendant plus compte de leur conduite, et ne recevant plus d'un supérieur ni avis, ni ordres capables de les redresser, se donnaient plus de liberté et perdaient l'esprit et la grâce de leur état ».

C'est à tort cependant que le plus exact des biographes du saint, Blain lui-même, ordinairement si sûr, écrit qu'il s'enfuit au lendemain de la sentence, conformément à cet avis de Jésus-Christ : « Quand on vous persécutera dans une ville, fuyez dans une autre ». (S. Mathieu, X, 23.) C'est seulement au 31 mai et au 25 juin que les arrêts définitifs furent rendus, et le saint, parti de Paris dans la première semaine de carême, était avant les fêtes de Pâques, dans la ville d'Avignon. D'ailleurs, avant de quitter la communauté, il avait confirmé les pouvoirs des visiteurs et, après de nouvelles épreuves, choisi le Frère Barthélemy pour gouverner pendant son absence toutes les écoles du nord de la France. Le voyage n'eut donc rien de furtif ou d'imprévu[1].

Au surplus, quand même feraient défaut ces preuves manifestes, il faut bien reconnaître qu'il n'était pas dans le caractère de J.-B. de la Salle de fuir devant l'outrage. Celui qui en toute chose s'inclinait en face de l'épreuve avec une douceur si humble et une si pieuse docilité; celui qui recherchait même les humiliations et les souffrances par esprit de pénitence et de mortification, ne se serait pas dérobé par la fuite à ce qu'il devait envisager comme un châtiment imposé par la volonté de Dieu pour épurer sa vocation. C'est au contraire parce qu'il croyait les difficultés moins sérieuses et peu durables qu'il confia le soin de sa défense à des amis trop négligents, et reprit le chemin de la Provence pour continuer les efforts brusquement interrompus, quand l'annonce du procès l'avait si inopinément rappelé dans la capitale. Il restait d'ailleurs en correspondance avec Saint-Yon, et, grâce aux visiteurs, il ne fut pas sans nouvelles de Paris, même quand il cessa d'échanger ses lettres avec les Frères qui, pensait-il, s'étaient détachés de lui. Ainsi le second voyage de J.-B. de la Salle dans le Midi ne fut point une fuite ou une désertion : c'était avant tout un apostolat qu'il reprenait, avec la calme sérénité dont il ne se départait jamais au milieu des plus grands

---

[1]. M. l'abbé Guibert insiste justement sur l'inexactitude ou l'exagération de l'interprétation donnée par le chanoine Blain au voyage de J.-B. de la Salle dans le Midi.

troubles ; ce fut aussi une sorte d'exil volontaire qu'il prolongea avec l'humble pensée que l'animosité soulevée contre lui disparaitrait, au grand profit de l'Institut, si lui-même s'effaçait dans l'obscurité.

Parti de Paris au début du carême de 1712 le saint veut revoir d'abord les Frères d'Avignon qui le reçoivent avec une joie respectueuse. Il ravive leur ferveur par les pieux exercices de la retraite, fait lui-même la classe aux petits enfants, et le rayonnement de la sainteté autour de son visage frappe ceux qui le suivent aux offices dans les églises de la ville. Il visite ensuite l'école d'Alais, malgré les dangers que présente le passage des Cévennes où les bandes de Camisards molestent fort les catholiques et pourchassent les prêtres. Il prend le chemin des Vans et se détourne pour visiter la petite paroisse de Gravières, dont le saint curé, Pierre Meynier, l'accueille avec une vénération qui déconcerte son humilité. Aux Vans, il réconforte les Frères presque réduits au dénuement par la persistance des querelles religieuses. Enfin à Mende, où il parvient, non sans de grandes peines, à travers les montagnes du Gévaudan, il retrouve, comme en 1711, le Frère Timothée et se réjouit de voir les écoles bénies de tous. C'est là, sans doute, qu'il apprit quelles dures sentences avaient été prononcées contre lui à Paris. Mais la haute sympathie de l'évêque, la vénération des fidèles, l'affection de ses enfants, le succès des écoles chrétiennes apportèrent de suaves consolations à son âme blessée. Bientôt pourtant M. de la Salle reprend sa marche, s'arrête quelque peu à Uzès dont l'évêque, non moins attaché aux Frères que celui de Mende, ajoute ses encouragements à ceux que le fondateur a partout rencontrés ; en juillet, enfin, il arrive à Marseille où il devait, après avoir semé dans la joie, recueillir dans les larmes d'amères déceptions.

Le séjour de J.-B. de la Salle dans la cité épiscopale de Xavier de Belsunce fut, en effet, fort accidenté. L'école de Saint-Laurent est en pleine prospérité ; aussi partout on reçoit le saint avec des remerciements, des prévenances, des promesses. On lui veut donner toutes les écoles de la ville, on organise des comités, on réunit des ressources, et comme pour toutes ces fondations il faut des Frères nombreux, la création d'un noviciat est décidée et aussitôt réalisée, car les postulants se pressent pour y entrer. Jamais et nulle part le fondateur n'avait rencontré de pareilles facilités et obtenu de si prompts résultats. Aussi fut-il absorbé par les soins qu'exigeait la formation des novices, et l'ardeur recueillie avec laquelle il fallait s'y livrer était une puissante diversion aux douleurs que lui apportaient les nouvelles de Paris. C'est alors que se croyant trahi et renié il ralentit et cessa même sa correspondance avec le Frère Barthélemy.

A cette époque, M. de la Salle multiplie au contraire ses lettres à l'un de ses plus fidèles et de ses plus chers disciples, à Gabriel Drolin, qu'il voudrait depuis longtemps aller rejoindre à Rome : « Je regarde, écrit-il alors, ce que vous avez commencé comme quelque chose de conséquence, mais il faut attendre que le noviciat que j'ai entrepris ici depuis quatre mois soit bien formé. » Dès 1700, en effet, nous apprend Blain, le saint, heureux « de planter l'arbre de sa Société et de lui faire prendre racine au centre de l'unité, à l'ombre, sous les yeux et sous les auspices du Saint-Siège », avait envoyé à Rome, deux Frères auxquels il avait remis pour leur voyage cent livres, tout l'avoir de la communauté à ce moment. L'un deux était Gabriel Drolin, son meilleur ami, un des deux disciples qui avaient fait avec lui en 1691, le vœu de ne jamais abandonner l'Institut. Mais le pauvre Frère, bien vite délaissé par son compagnon, eut à Rome la vie la plus pénible, soupçonné, épié, dénué de ressources. M. de la Salle s'inquiète de son isolement, craint qu'il ne perde l'esprit de la communauté et le presse d'ouvrir une école. « Il faut vous déterminer, écrit-il, ou de revenir, ou d'entreprendre quelque chose où vous êtes.... Commencez, confiez-vous plus en Dieu.... Je vous aideray, mais pour que l'entreprise réussisse, il faut qu'elle vienne de vous et non pas de moy. » En 1705, le frère Gabriel ouvre une petite école gratuite de garçons, et le saint en témoigne aussitôt sa joie ; mais ce n'était qu'une œuvre bien précaire : en 1710, enfin, une des écoles du Pape est confiée au disciple de M. de la Salle, et celui-ci conçoit l'espoir d'obtenir peu à peu que les autres écoles soient entre les mains et sous la conduite des Frères. Aussi est-il hanté du désir d'aller lui-même à Rome.

La situation à Marseille ne lui permit pas de réaliser ce souhait. Autant il avait trouvé au début de facilités inaccoutumées, autant il rencontra tout à coup d'obstacles imprévus. Un tel revirement eut pour motif, d'après Maillefer, l'impression produite sur les amis enthousiastes de la première heure par la sévère discipline de l'Institut. Sur les plaintes des Frères de St-Laurent, impatients d'être obligés désormais de participer chaque jour aux exercices du noviciat, ils jugèrent les règles de la communauté inexplicables, trop rigoureuses, nuisibles à la santé des Frères comme à l'intérêt des enfants, et rapidement cette impression devint prédominante. Cependant le chanoine Blain ne croit voir là qu'un prétexte, et estime que le brusque changement eut sa cause dans l'ardeur du jansénisme, alors puissant à Marseille. Favorable à ces doctrines, le clergé de la ville avait, sans se déclarer, circonvenu M. de la Salle dès son arrivée; puis, quand on croit l'avoir gagné par la fondation du noviciat et lié par les promesses d'écoles, la ferveur janséniste se laisse voir et veut l'entraîner. Il suffit que, dans un sermon, un jésuite sollicite la charité en faveur des écoles, pour que les passions s'exaltent. Loin de céder, M. de la Salle, qui sur ce point avait depuis longtemps ses convictions arrêtées sous l'influence de Saint-Sulpice, combat énergiquement pour les idées romaines. Tel est le motif qui semble avoir tout à coup changé la faveur prévenante en antipathie sourde, et bientôt en violente persécution.

Sous cette double influence, tout fut mis en œuvre pour exciter les Frères et pour dégoûter les novices en leur représentant leur fondateur, comme « un homme singulier, dur, outré, inflexible et sur l'esprit duquel il n'y avait rien à gagner.... Le caprice était l'âme de toute sa conduite...; il voulait mouler les autres sur lui-même, et il les assujettissait à une forme de vie insupportable et sans exemple ». Accusations et calomnies sont rassemblées dans un libelle odieux, colporté de tous côtés et répandu à profusion. Encore une fois impuissant et vaincu, le saint voyait crouler autour de lui ce qu'il avait patiemment élevé : le noviciat désert, les écoles perdues, les Frères insoumis.... « Les plus affermis dans leur vocation, dit Maillefer, furent ébranlés; quelques-uns abandonnèrent l'Institut. » Ainsi frappé à Marseille, comme il l'avait été à Paris, J. B. de la Salle, espérant toujours désarmer les ennemis en se retirant plus loin, résolut de partir pour Rome. Il se rendait au port quand il rencontra M. de Belsunce, qui lui était toujours resté favorable 'et qui le dissuada d'abandonner tant d'intérêts compromis pour entreprendre ce long voyage, pourtant désiré depuis tant d'années. Avec sa docilité résignée le saint va retrouver les Frères : « Dieu soit béni, dit-il, me voilà revenu de Rome. Ce n'est pas sa volonté que j'y aille : il veut que je m'emploie à autre chose. » Néanmoins, épuisé par ces luttes prolongées, doutant de lui-même, incapable désormais de retrouver, comme jadis dans l'oraison, la lumière qui guide et l'énergie qui soutient, J.-B. de la Salle se retira à la Sainte-Baume, dans la solitude où la tradition place le souvenir vénéré de sainte Marie-Madeleine. En quittant Marseille, il put du moins recueillir, auprès de quelques âmes pieuses, l'espoir réconfortant et comme la vision anticipée de l'avenir prochain qui devait voir fructifier la semence, jetée au milieu des pierres et des ronces, mais fécondée par les larmes. Lui-même, dans le sanctuaire béni, retrouve un peu de calme pour échapper à la désespérance, et renonçant à rentrer à Marseille où son départ est commenté comme la preuve de sa perte définitive, il se rend à Grenoble.

La paisible communauté lui offrait ce que la vie agitée de Marseille avait rendu pour lui si nécessaire : une calme retraite où il vécut séparé du monde comme au cloître, tout entier à la prière et à la pénitence, car les sacrifices inconnus lui paraissaient toujours plus utiles à l'avenir de son Institut que la faveur des brillantes relations. Humble passant, il va, au sanctuaire de saint Bruno, goûter le silence de la Grande-Chartreuse dans les hautes solitudes des Alpes. Pendant qu'un des Frères des écoles de Grenoble ira visiter les communautés du Nord, c'est lui qui fait la classe aux petits enfants, réussissant, dit Blain, « à faire des miracles sur les esprits les plus stupides et les plus ignorants; car il leur apprit enfin les vérités de la religion et les avança dans la lecture et dans l'écriture ». La maladie le reprit avec une violence qui mit en émoi les Frères et les fidèles dont il faisait l'édification. Une crise terrible de rhumatisme ne céda qu'au traitement — au martyre — qu'il avait déjà subi autrefois à Vaugirard. Pendant sa longue convalescence, il retouche quelques-uns de ses livres, notamment les *Devoirs du chrétien*, et il consent à aller refaire ses forces à l'ermitage de Parménie, chez M. de Saléon.

Là, à quelques lieues de Grenoble, sur une colline isolée au milieu des vallées encadrées de cimes montagneuses, il y avait eu de tout temps un poste de défense et un sanctuaire religieux. Au VIIIe siècle, c'était un monastère de chanoines ; au XIIIe siècle, ce furent des religieuses chartreuses. Depuis le XVe siècle, le pèlerinage était délaissé, quand en 1673 une humble fille entreprit de le faire revivre. Avec beaucoup de peine, elle y réussit ; la chapelle fut rebâtie, les fidèles revinrent en foule, et la réputation de sainteté de sœur Louise s'étendit au loin. Pendant les quelques semaines qu'il passa à Parménie, J.-B. de la Salle eut la joie de conquérir à l'Institut une précieuse recrue. Arrière-petit-fils du marquis de Beauvilliers, Claude-François Lancelot Dulac de Montisambert, lieutenant à quatorze ans, s'était fort adonné au jeu ; grièvement blessé à Malplaquet, il se convertit, se donna à Dieu et chercha sa voie, voulant tantôt s'employer aux œuvres pieuses de Grenoble, tantôt se retirer dans un des monastères de la région. Mais dès qu'il approcha J.-B. de la Salle, il s'attacha aussitôt à l'Institut et prit l'habit. Après quinze jours seulement de préparation, le Frère Irénée alla faire l'école à Avignon ; il ne réussit guère dans les classes, mais il excella dans la direction des novices qui lui fut bientôt confiée, et dans laquelle il devait se montrer pendant trente ans le digne héritier du saint fondateur.

Le séjour à Parménie eut encore un autre effet heureux pour l'Institut : la piété et l'expérience de la vénérable sœur Louise donnaient à ses conseils une autorité singulière. Lorsque J.-B. de la Salle hésitait encore à cesser son exil volontaire, elle ne contribua pas peu à lui rendre le courage, l'espérance et la force. « Il ne faut point, disait-elle, abandonner la famille dont Dieu vous a fait le père. Le travail est votre partage, il faut y persévérer jusqu'à la fin de vos jours.... Vous comprenez bien, écrivait-elle un peu plus tard, qu'il ne suffit pas que vous ayez fait du vœu d'obéissance un des principaux points de votre Institut. Je crois que la meilleure règle est que vous commenciez vous-même de pratiquer ce que vous enseignez aux autres. Il est évident que le Seigneur veut que vous retourniez à Paris et que vous vous y rendiez à vos Frères. Je vous conseille de ne pas hésiter d'accepter la volonté de Dieu. »

Revenu à Grenoble, rappelé par les prières de plus en plus pressantes de la communauté de Paris, M. de la Salle rentre d'abord dans la vie active en prenant part, malgré les haines qu'il s'attire, à la lutte contre le jansénisme. Il réunit les Frères, leur lit la bulle *Unigenitus*, récemment promulguée; il commente la condamnation des propositions erronées contenues dans le célèbre livre du P. Quesnel, et les prémunit contre ces doctrines dangereuses. « Attachez-vous universellement, répétait-il (*Recueil de différents petits traités*), à ce qui est de la foi, fuyez la nouveauté, suivez la tradition de l'Église ; ne recevez que ce qu'elle reçoit, condamnez ce qu'elle condamne, approuvez ce qu'elle approuve soit par les conciles, soit par les souverains pontifes. Rendez-lui en tout une prompte et parfaite obéissance. » Donnant à cet égard un exemple qui coûta beaucoup à son cœur aimant, il rompit, après d'inutiles efforts, ses relations avec le plus aimé de ses frères, le chanoine Louis, qui, n'acceptant pas la bulle, s'était rangé parmi les appelants.

Mais à ce moment, en avril 1714, l'appel des Frères de Paris devint si instant que M. de la Salle dut se résoudre à reprendre la route de la capitale qu'il avait quittée depuis deux ans. Que s'était-il passé en son absence et pourquoi, après un silence prolongé, ces appels réitérés ?

Depuis les arrangements négociés pour mettre fin aux difficultés de 1702, les Frères de Paris, on s'en souvient, avaient un supérieur ecclésiastique, mais qui n'était que nominal. Après l'éloignement de M. de la Salle et le terrible procès de 1712, ceux qui l'avaient sans cesse harcelé afin de donner à l'Institut une organisation différente et sans indépendance, ne rencontraient plus d'obstacles, car les Frères eux-mêmes étaient désorientés. Bien que désigné par M. de la Salle pour le remplacer pendant son absence, le Frère Barthélemy n'avait pas de pouvoirs définis et n'était pas régulièrement investi de la supériorité. Comment aurait-il pu résister ? Il ne fut pas difficile de le circonvenir, de le persuader, de l'amener à demander lui-même que partout les petites communautés, désormais séparées les unes des autres, fussent placées sous la direction de supérieurs ecclésiastiques locaux, choisis par les évêques. L'œuvre, frappée au cœur, perdait sa vie propre ; bientôt sa règle se serait altérée en usages particuliers ; mais, pour un temps, ce mal fut conjuré. En effet, dans les diverses provinces, les nouveaux supérieurs, bien vite convaincus que les règlements prescrits par le fondateur étaient efficacement adaptés à la difficile mission imposée aux maîtres, s'appliquèrent seulement à les maintenir et à conserver aux communautés le même esprit et les mêmes pratiques. « Ils se contentèrent, dit le chanoine Blain, qui fut précisément à cette occasion, le supérieur de Rouen et de Saint-Yon, ils se contentèrent de s'en déclarer les sauvegardes et les protecteurs et laissèrent aux directeurs des maisons et au Frère supérieur tous leurs droits..., ils firent, en un mot, ce que M. de la Salle aurait fait lui-même, s'il avait été multiplié en chaque diocèse. »

Il en fut autrement à Paris, parce qu'on était près de M. de la Chétardie qui, avec tant de persistance, avait poursuivi cette transformation. Fortement appuyé, le supérieur, l'abbé de Brou, voulut exercer ses pouvoirs dans leur plénitude, et même exigea qu'un acte dressé par les Frères l'instituât régulièrement à leur tête. Cela fait, il formula de nouvelles règles et crut pouvoir les faire aisément approuver par le cardinal de Noailles. Mais celui-ci, au bout de huit mois d'attente, se borna à écrire « qu'il ne jugeait pas à propos que rien soit décidé, ni signé en son nom, ni sur les règlements, ni sur les changements qu'on voudrait faire... » C'était le désaveu des novateurs, la justification de M. de la Salle, la récompense de la ferveur avec laquelle les Frères, n'avaient pas tardé à se ressaisir. Reprenant courage, ceux-ci s'appliquent avec le Frère Barthélemy à conjurer le péril entrevu. Ils écrivent à leur père pour le prier de sauver l'Institut, en se replaçant à leur tête : « Dieu soit loué, répond-il ; si c'est son œuvre, il en aura soin ». Rassuré en outre par les nouvelles que le Frère de Grenoble rapporte de sa visite à travers toutes les communautés du Nord, le saint hésite encore, craignant que sa présence, au lieu de seconder cette heureuse réaction contre les idées de M. de la Chétardie, ne provoque au contraire une recrudescence de persécutions. Mais les Frères s'impatientent ; ceux de Paris, de Saint-Denis et de Versailles s'assemblent et somment

M. de le Salle de revenir, en invoquant le vœu solennel qu'il a fait de ne jamais abandonner l'Institut, même dans les plus grandes détresses.

« Monsieur notre très cher Père, disent-ils, nous, principaux Frères des écoles chrétiennes, ayant en vue la plus grande gloire de Dieu, le plus grand bien de l'Église et de notre Société, reconnaissons qu'il est d'une extrême conséquence que vous repreniez le soin et la conduite du saint œuvre de Dieu qui est aussi le vôtre, puisqu'il a plu au Seigneur de se servir de vous pour l'établir et le conduire depuis longtemps.... C'est pourquoi, monsieur, nous vous prions très humblement, et vous ordonnons au nom et de la part du corps de la Société auquel vous avez promis obéissance, de prendre incessamment soin du gouvernement général de notre Société. En foi de quoi nous avons signé, fait à Paris, ce 1ᵉʳ avril 1714, et nous sommes avec un très profond respect, monsieur notre cher Père, vos très humbles et très obéissants inférieurs ».

Cette fois, toute hésitation fut dissipée : la volonté de Dieu apparaissait aux yeux du saint. Il prit congé des amis et des disciples qu'il ne devait plus revoir et partit pour Paris, non toutefois sans faire quelques étapes qui le retinrent encore quatre mois, à visiter diverses communautés, notamment celle de Mende où de nouvelles tribulations l'attendaient.

Quand, au début de son volontaire exil, M. de la Salle était venu à Mende en 1712, il y avait trouvé des Frères zélés, qui l'avaient reçu avec vénération. Mais, la tourmente que traversait l'Institut se fit sentir dans cette petite communauté dont les ressources matérielles et l'humble logis étaient encore plus pauvres et plus précaires qu'ailleurs. Deux au moins des maitres, et notamment le Frère Henri, venu des Vans, s'étaient installés d'eux-mêmes, au préjudice de la discipline et de la piété. Ils surent si bien se faire passer pour nécessaires que l'évêque et les consuls de la ville imposèrent leur maintien à M. de la Salle. Arrivé pour tout pacifier, le saint usa de patience. Du reste, il est permis de penser que de menus incidents ont été fort grossis dans les récits ultérieurs, par suite même du désir qu'avaient les Frères de désavouer hautement les égarés et de tirer de ces faits d'édifiantes leçons. Peut-être est-ce moins le mauvais accueil de ses fils que l'exiguïté du logis qui obligea M. de la Salle à se retirer chez les capucins. C'est là que le Frère Timothée, rendu libre par la fermeture du noviciat de Marseille, parvint à le rejoindre. « Hé, dit-il, en recevant le disciple aimé, à quoi pensez-vous de vous adresser à moi? Ne connaissez-vous pas encore mon insuffisance à commander aux autres? Ignorez-vous que plusieurs des Frères paraissent ne plus vouloir de moi? » Néanmoins son indulgente bonté réussit à arrêter ces infidélités passagères et à préparer le retour des insoumis. Peu après, en effet, le Frère Henri reprit avec l'Institut des relations régulières qui ne furent plus troublées jusqu'à l'année 1721, où il mourut héroïquement en soignant les pestiférés.

A Mende, à la veille de rentrer à Paris, non sans de grandes anxiétés, J.-B. de la Salle apprit la mort de M. de la Chétardie. Ecrivain éminent, pasteur vénéré, infatigable dans son zèle et sa charité, placé pendant de longues années à la tête d'une paroisse qui était déjà une grande ville, M. de la Chétardie avait toujours soutenu les Frères, aimé leurs écoles et développé leurs œuvres. Mais il n'approuvait pas que l'Institut fût une communauté unique, régie par un supérieur général, conservant ses traditions et ses règles, gardant son autonomie et gouvernant son personnel. Jusque-là, en effet, la plupart des congrégations étaient organisées par monastères ou au moins par provinces, et le régime centralisé de l'Institut, s'il était conforme aux tendances de l'époque, devait paraître à beaucoup d'esprits une innovation dangereuse. M. de la Chétardie aurait voulu que les Frères fussent seulement les auxiliaires des curés de paroisse qui avaient la responsabilité des écoles de charité. Il se refusait à admettre qu'une direction changeante suivant les lieux, les temps et les personnes, fût incompatible avec la culture et le maintien de vocations difficiles, faites de ferveur et d'abnégation. L'avenir a pleinement justifié les vues de M. de la Salle, mais pendant bien des années, l'opposition de M. de la Chétardie, accompagnée de l'inévitable cortège des rivalités et des jalousies, avait plus d'une fois pris l'apparence d'une persécution véritable. Il fut remplacé à Saint-Sulpice par M. Languet de Gergy, ami éprouvé des Frères, ce qui assurément allait simplifier la rentrée de leur fondateur. Le saint arriva à Paris le 10 août 1714.

CHAPITRE X

LE SOIR DE LA VIE. — SUPRÊME ÉPREUVE
ET DERNIERS JOURS

(1714-1719)

Malgré les supplications répétées qui l'avaient précédé, malgré les événements imprévus qui venaient de le faciliter, le retour du fondateur au milieu des siens ne fut ni une revanche, ni un triomphe. Le saint eût voulu ne reprendre que la dernière place. Aux épreuves et aux revers, l'âge et les infirmités ajoutaient maintenant leurs durs avertissements, et plus encore qu'en 1694, M. de la Salle soutenait que l'Institut ne pourrait conserver son autonomie véritable qu'à la condition que le supérieur fût toujours librement choisi dans la communauté elle-même. Il ajoutait avec raison que de son vivant seulement cette difficile transmission s'accomplirait sans trop de peine et alors deviendrait pour l'avenir un précédent décisif, une règle incontestée. Les Frères, qui avaient couru tant de périls au temps de sa longue absence, insistaient pour qu'il reprît tout le gouvernement. En fait, il rentra sans bruit dans ses fonctions ordinaires, comme s'il les eût quittées la veille; mais il laissa le plus possible au Frère Barthélemy la conduite des affaires courantes, et même la présidence des exercices religieux. C'est seulement avec l'abbé de Brou que, pour éviter tout conflit, il fallut et la patiente humilité du fondateur et l'ascendant grandissant de son autorité morale.

Le supérieur ecclésiastique s'effaçait à la vérité dans la gestion des intérêts quotidiens, car en octobre il écrivait au curé de Mende : « J'ai rendu compte à M. de la Salle, de ce que vous me faites l'honneur de m'écrire;... il a beaucoup d'affection pour soutenir cette école.... Voilà tout ce que je puis vous mander sur ce sujet; car depuis qu'il est à Paris, je crois devoir m'en remettre à lui du gouvernement de sa société dont je n'ai pris soin qu'en son absence. » Mais, soit par souci de sa responsabilité, soit par défiance envers les allures indépendantes de la communauté, il se préoccupe de la direction générale ; il s'étonne que M. de la Salle redevienne le confesseur des Frères ; il s'inquiète surtout du règlement de la succession du fondateur. Aussi rédige-t-il un questionnaire demandant de l'Institut : « Quels seront ci-après les supérieurs de la communauté? Quels en seront les vœux? A qui s'adressera-t-on quand on voudra faire des établissements? De combien sera la pension? Quelles seront les règles de la société? » Par esprit de paix M. de la Salle répond, mais en laissant de côté la première question. Comme celle-ci tient à cœur à M. de Brou, il revient à la charge, et cette fois les Frères d'eux-mêmes, bien qu'en termes vagues, laissent entrevoir que leurs résolutions n'ont point changé. M. de Brou se le tint pour dit. Une année se passa ainsi pour le saint dans la reprise progressive de la vie d'autrefois.

La mort du Roi et la retraite de Mme de Maintenon privèrent l'Institut d'une protection qui plus d'une fois l'avait assisté dans des conjonctures critiques, et qui en outre avait encouragé les écoles de Calais, suscité celles de Versailles, projeté celles de Fontainebleau. Bien que par suite des idées que M. de la Chétardie avait fait prévaloir, le noviciat fût fort réduit, chaque communauté, suivant lui, devant assurer elle-même son recrutement, c'était encore une charge; aussi la vie devenant chère et difficile à Paris aux premiers temps de la Régence, M. de la Salle résolut de ramener le noviciat à Saint-Yon. Bientôt il le voulut rejoindre; mais fallait-il aller prendre congé du cardinal archevêque ? Craignant qu'au moment où Mgr de Noailles retirait son adhésion à la bulle *Unigenitus*, cette visite ne prît l'apparence d'une adhésion à « l'appel », il se dispensa de la faire et se rendit seulement chez M. de Brou. Celui-ci d'abord lui défend formellement de quitter la communauté de Paris; puis, satisfait par l'humble obéissance avec laquelle le saint a déféré à cet ordre, il lui rend bientôt sa liberté. M. de la Salle revint à Saint-Yon en décembre 1715.

Depuis six ans qu'il avait cessé d'y résider, bien des progrès utiles s'étaient accomplis peu à peu. Le premier président de Pont-Carré en était toujours le protecteur plein de sollicitude, et le chanoine Blain exerçait les fonctions de supérieur séculier avec autant de tact discret que de dévouement éclairé. Grâce à leur concours, le **pensionnat**, surtout la maison de force, avaient reçu des développements considérables, et un bâtiment spécial était aménagé pour les novices. M. de la Salle se donna principalement à ceux-ci, vivant avec eux, étudiant leur caractère et cultivant leur vocation. Pour mieux garantir l'Institut contre l'invasion des doctrines jansénistes, il se lia plus étroitement avec les Jésuites et choisit même parmi eux son directeur. Il révisait alors avec un soin minutieux les conseils rédigés pour guider les maîtres des pensionnats aussi bien que ceux des écoles. « Comme, par rapport aux élèves, disait-il, le premier devoir des maîtres est de leur donner une éducation chrétienne et civile, ils doivent veiller à ne leur montrer en eux que des exemples de vertu, d'union et de parfait accord ; ils doivent être pieux, charitables, justes, doués d'une grande égalité d'humeur, et zélés pour former leurs élèves au bien, à la société, et pour développer leurs talents et leurs aptitudes selon les divers états auxquels les parents les destinent.... Tous les pensionnaires, sans exception, doivent être convaincus de la bonté, de la justice et de l'impartialité des maîtres[1]. » Et pour que les

---

[1]. Il est à peine utile de faire remarquer que les maîtres dressés à cet idéal par devoir de conscience, acquièrent, même s'ils ne l'atteignent qu'en partie, une bien autre influence sur les élèves que les instituteurs qui envisagent leur tâche comme une profession quelconque, accomplie régulièrement, avec le souci constant de la gratification et de l'avancement, sans parler des intrigues politiques et des passions sectaires. Il n'est pas étonnant que les résultats de l'éducation soient fort différents dans les deux cas, et que la préférence des familles se manifeste partout où elles ont le libre choix.

maîtres puissent s'élever vers ce degré de perfection, le saint leur recommande l'obéissance, la patience, l'humilité, et par dessus tout l'attachement inviolable à leur règle. « Les Frères, dit-il[1], auront une estime toute particulière pour tout ce qui concerne la régularité. de quelque peu de conséquence qu'elle paraisse, la regardant comme étant souvent le premier moyen de sanctification; parce que c'est en elle qu'ils trouvent le principal secours pour leur faire observer les commandements de Dieu et le principal appui contre toutes les tentations des démons, quelque violentes qu'elles soient, et parce que Dieu y attache particulièrement ses grâces... La régularité est aussi le premier soutien des communautés. qui est tel qu'elle les rend inébranlables tant qu'elle y subsiste; et l'irrégularité est la première source de leur destruction et de la perte des sujets qui en sont les membres. Dans cette vue les Frères préféreront les règles et les pratiques de leur Institut à toutes les autres pratiques, quelque saintes qu'elles soient en elles-mêmes, à moins qu'elles ne soient des commandements de Dieu et de l'Église. »

En même temps il recevait bien des visiteurs attirés par son renom de sainteté. M. Gense, de Calais, et M. de la Cocherie, de Boulogne, furent parmi les plus chers amis avec lesquels il aimait à s'épancher. « Si Dieu, leur avouait-il humblement, en me montrant le bien que pouvait procurer cet Institut, m'eût aussi découvert les peines et les croix qui devaient l'accompagner, le courage m'eût

---

[1]. *Règles communes*, XVI, 2, 3.

manqué et je n'aurais osé le toucher du bout du doigt, loin de m'en charger. En butte à la contradiction, je me suis vu persécuté de plusieurs prélats.... Mes propres enfants se sont élevés contre moi.... Les magistrats se sont unis à nos ennemis.... Comme notre fonction offense les maîtres d'écoles, nous trouvons en chacun d'eux un adversaire déclaré et irréconciliable.... Cependant l'édifice s'est soutenu, quoique si souvent sur le penchant de sa ruine; c'est ce qui me fait espérer qu'il subsistera, et que, triomphant enfin des persécutions, il rendra à l'Église les services qu'elle est en droit d'en attendre. » Cédant à leurs vives instances, M. de la Salle, malgré ses infirmités croissantes, se décida en 1716 à leur rendre visite à son tour, afin de fortifier par sa présence les écoles de Calais et de Boulogne. Il fut reçu dans ces deux villes et à Saint-Omer avec des honneurs exceptionnels, auxquels il avait peine à se soustraire, car les grands et le peuple se pressaient également pour voir l'homme dont le nom était partout béni à cause de son dévouement pour les humbles.

Rentré à Saint-Yon, le saint fondateur voulut plus que jamais préparer sa retraite, et par humilité pour lui-même, et par sollicitude pour l'Institut dont il voulait de son vivant voir confirmer la règle et assurer la direction. A force de persuasion, invoquant tantôt les difficultés traversées naguère par la communauté, tantôt l'épuisement graduel de ses forces délabrées, il parvint à faire accepter autour de lui l'idée de sa retraite. D'ailleurs, depuis l'absence de 1712, le Frère Barthélemy avait, en fait, rempli les devoirs de direction; il était ainsi pré-

paré à en assumer le fardeau entier, en même temps
que tous s'étaient accoutumés à le voir à cette place
et à suivre ses avis. Il semblait donc pouvoir sans
secousse devenir supérieur, et ainsi serait sauve-
gardé le maintien des traditions. Mais M. de la
Salle voulait qu'un chapitre général fût appelé à
choisir librement. Une première assemblée des principaux Frères de Rouen décide, au début de décembre, que le Frère Barthélemy ira visiter toutes
les maisons de la Société, pour en connaître le personnel et les besoins, et afin de concerter la tenue
d'une assemblée solennelle à Saint-Yon au printemps de 1717, pour « établir, conserver et maintenir l'union et l'uniformité dans l'Institut, arrêter
et fixer les règlements, et pourvoir en même temps
au gouvernement général. » Au cours de cette
longue pérégrination, accomplie pendant un hiver
pénible, à travers les vingt-deux maisons de la Société, le pieux voyageur recueillit des adhésions et
proposa les grandes assises qui s'ouvrirent en effet
à Saint-Yon, le 16 mai 1717, jour de la Pentecôte.

La ferveur de la retraite, des oraisons multipliées,
une ardente invocation à l'Esprit saint, les instructions répétées du fondateur, tout fut mis en œuvre
pour obtenir les lumières du ciel et faire un bon
choix. « Comme ce n'est pas vous qui devez choisir,
mais Dieu en vous et par vous, disait M. de la Salle,
tenez votre esprit toujours élevé vers lui, et ne vous
fatiguez point de lui adresser cette prière des
Apôtres : *Ostende quem elegeris*.... Donnez votre
suffrage à celui qui est le plus propre à gouverner
l'Institut, qui en possède plus parfaitement l'esprit,
qui en est l'exemple et le modèle, qui est le plus

capable d'y maintenir la régularité, d'y faire régner la ferveur et de vous sanctifier.... En ce choix ne regardez ni les talents, ni la naissance, ni l'âge, ni l'ancienneté dans la société, ni la figure, ni la taille; en un mot, ne regardez point l'homme, mais Dieu même. » M. de la Salle ne voulut pas présider les délibérations, ni même y assister, afin que les Frères eussent bien le sentiment qu'ils se gouvernaient eux-mêmes. Le 18 mai, le Frère Barthélemy fut élu supérieur général, et à sa demande deux assistants lui furent adjoints, le Frère Jean, directeur des écoles de Paris, et le Frère Joseph, directeur de celles de Reims.

Ainsi se trouvait consacrée, par une pieuse et solennelle application, après bien des traverses, la constitution donnée à l'Institut par M. de la Salle. Chose rare, elle plaçait une communauté qui rayonnait dans le royaume entier, sous l'autorité unique d'un supérieur général, étranger aux ordres sacrés, librement choisi par elle entre ses membres. Beaucoup de bons esprits avaient eu quelque peine à ne pas s'étonner d'allures si indépendantes, à ne pas s'en inquiéter même. Le temps a justifié la pensée du saint; il avait regardé l'avenir et pressenti les besoins nouveaux : en montrant sa grande association, il eût pu dire, lui aussi: « Je suis une liberté. »

Ayant pourvu au gouvernement général, l'assemblée tint plusieurs séances pour réviser et amender la règle soumise depuis trente-cinq ans à l'épreuve de la pratique dans l'Institut. Là aussi M. de la Salle s'effaça entièrement, afin que toutes les observations pussent être émises et discutées sans contrainte. Il les examina ensuite avec un soin scrupuleux, et s'inspira aussi des constitutions de la Compagnie de Jésus pour donner à la règle sa forme définitive. Un point entre autres avait arrêté quelques hésitants. Les prescriptions de 1694, destinées, on s'en souvient, à conserver aux récréations un caractère recueilli, étaient parfois jugées un peu austères. Fallait-il les modifier? On résolut de s'en rapporter à des arbitres, et ceux-ci, parmi lesquels le P. Baudin, supérieur du Noviciat des Jésuites, conclurent à leur maintien. La règle ainsi adoptée en 1717, contresignée par le Frère Barthélemy, fut envoyée à toutes les maisons; elle est demeurée la charte de l'Institut et n'a subi que de légères modifications. Convaincu que le directeur d'une maison l'édifie ou la détruit suivant qu'il observe ou néglige la régularité, M. de la Salle voulait que chaque directeur entretînt sa fidélité stricte en relisant la règle deux fois par semaine, le dimanche et le jeudi. Il rencontra quelque tiédeur qu'il ne voulut point brusquer, mais à la révision de 1726, qui suivit la délivrance de la Bulle de Benoît XIII, cette recommandation devint une obligation expresse.

En fait la règle, profondément imprimée dans le cœur de tous, scrupuleusement maintenue par chaque directeur, placée sous la sauvegarde vigilante du supérieur général et de ses assistants, est la véritable autorité de l'Institut. Comment s'étonnerait-on de l'importance que le saint a toujours accordée à la régularité? C'est la règle qui forme le novice dans son esprit et dans son âme, et par l'effort quotidien l'accoutume à l'obéissance volontaire. C'est elle qui fera ainsi de lui le « Frère », c'est-à-dire le religieux maître d'école qu'elle dirige à chaque heure de sa journée, dans chaque détail de sa tâche. L'éducation du peuple à laquelle il se donne, est un apostolat dévoué qui ne peut trouver son soutien et puiser sa force que dans une intense vie religieuse. La communauté seule la lui procure et la lui garde. Aussi, oubliant son nom, revêtant l'habit, aimant la pauvreté, quittant les siens, il s'attache à elle par des vœux annuels d'abord, triennaux ensuite, perpétuels enfin. En retour de son obéissance, elle le défend contre lui-même, elle redresse ses penchants, elle lui rend possible la pratique des vertus que le monde ne comprend pas. Ainsi les fils de Jean-Baptiste de la Salle, tels que leur saint fondateur les a préparés pour l'éducation du peuple, seront de bons maîtres parce qu'ils seront d'abord de bons religieux.

Tandis que le Frère Barthélemy prend effectivement le gouvernement de l'Institut et en visite les principales communautés, trouvant partout la plus touchante adhésion aux votes de l'assemblée de Saint-Yon, M. de la Salle déchargé de toute prérogative d'autorité, se complaît dans l'humilité de l'obéissance, heureux de se faire petit parmi les petits. Bientôt, il lui faut entreprendre le voyage de Paris pour aller recueillir un legs de deux cent soixante livres de rente, par lequel son ancien ami, devenu son persécuteur en 1712, M. Rogier, lui a restitué en mourant la somme autrefois détournée. « A quoi bon, disait-il, faire des testaments en ma faveur? Ne sait-on pas que j'ai renoncé à tous les biens de la terre? » Mais le Frère Barthélemy lui fait un devoir d'accepter cette restitution. C'est à cette occasion que le saint séjourna, au milieu des traditions d'Adrien Bourdoise, au séminaire de Saint-Nicolas du Chardonnet, où sa piété fervente, ses longues oraisons, son humilité douce, ont laissé d'admirables souvenirs d'édification. « Sa mortification, écrivait à son sujet le supérieur du séminaire, nous confondait en nous édifiant. Il ne voulut jamais accepter de chambre à feu ; et au lieu de se chauffer avec les autres, au moins pendant le temps de la récréation, il aimait mieux s'entretenir dans les salles ou dans le jardin, avec quelques séminaristes, pour avoir l'occasion de leur inspirer quelque sainte maxime et le détachement des choses de la terre.... On ne saurait exprimer le fruit qu'il a fait dans ce séminaire. » Un autre prêtre de Saint-Nicolas écrivait un peu plus tard : « Je crois que Dieu l'avait envoyé pour prêcher notre jeunesse et nous retirer nous-mêmes de notre relâchement ; sa vie était des plus humbles et des plus mortifiées, il dormait peu et priait beaucoup.... Il faisait tous les jours au moins trois heures de méditation ; il s'était rendu plus régulier que le moindre des séminaristes. Il acceptait si volontiers les prières qu'on lui faisait, pendant les récréations, d'assister aux convois de charité, ou de faire des enterrements d'enfants, qu'il semblait que cela lui fût un sujet de grande satisfaction ; en un mot, la retraite, l'oraison, la charité, l'humilité, la mortification, la vie pauvre et dure, étaient toutes ses délices. »

Pendant ce séjour à Saint-Nicolas, la maison de Saint-Yon, à la suite de la mort de Mme de Louvois, fut mise en vente et, à l'étonnement des Frères, M. de la Salle dit qu'il la fallait acheter. Les héritiers consentirent à la céder au prix fort modéré de 15000 livres; quelques réserves placées sur les octrois de Rouen, le capital libéralement donné de la rente Rogier en firent plus des deux tiers, et pour le reste de généreux donateurs vinrent en aide. Avec son humilité ordinaire, et aussi par crainte prudente de ses anciens adversaires, M. de la Salle se tint à l'écart, et la vente fut consentie au Frère Barthélemy et au Frère Thomas. C'était l'Institut définitivement assis. Pourtant la propriété resta incertaine jusqu'à la délivrance, en 1724, des lettres patentes autorisant les Frères à posséder légalement.

Retiré dans sa modeste obscurité de Saint-Nicolas, J.-B. de la Salle aurait voulu y vivre inconnu, dans le silence, en servant l'œuvre de ses prières. Mais son absence laissait un grand vide dans sa chère maison à laquelle manquaient le constant exemple de ses vertus et le chaud rayonnement de sa sainteté. En outre les Frères s'inquiétaient de le voir si loin d'eux, chez des étrangers, alors que l'amoindrissement de ses forces pouvait tout faire redouter. Pourtant il résistait à leurs sollicitations; il fallut que le supérieur parlât avec autorité. Le 7 mars 1718 le saint revenait à Saint-Yon après s'être arrêté chez les Frères de Paris. Il était vraiment arrivé au soir de sa vie, et les heures qu'il avait encore à passer parmi les siens ne devaient plus être qu'une préparation à la mort par la prière et le recueillement, par la souffrance et la persécution.

De plus en plus, il se détache de tous les intérêts matériels, même de ceux qui concernent la communauté, et il s'efface au plus humble rang. Mais c'est pour se donner sans partage à Dieu et aux âmes. Par l'oraison incessante il délivre son esprit et son cœur de tous les liens du monde, et les remplit de la pensée de l'Éternel. Souvent retiré au fond de l'enclos, dans un petit oratoire solitaire qui longtemps est resté pour ses fils un pèlerinage béni, il médite et prie. C'est là qu'il compose son *Explication de la méthode d'oraison*. Toujours doux et affable, il est recherché de tous : des novices qu'il édifie par des entretiens fréquents; des enfants de la maison de force parmi lesquels il sait faire naître même des vocations religieuses; des pensionnaires aussi qui l'aiment pour la bonté sereine avec laquelle il se fait petit avec eux. Fuyant la vénération pieuse qui de tous côtés vient à lui, il veut la mortification et accepte avec joie même les propos déplacés de quelque frère servant qui un jour ose le tancer sur sa négligence pour la règle, et une autre fois lui reproche de se faire nourrir par charité à ne rien faire.

Mais pour ce qui regarde la foi, rien ne lui coûte et il sait élever la voix. Non seulement on l'a vu blâmer son frère préféré, le chanoine Louis, qui s'était rangé parmi les « appelants », et pour ce fait laisser tomber les relations fréquentes qu'ils entretenaient ensemble; mais en outre, le doyen de Calais s'étant autorisé pour son « appel » contre la bulle du nom de la Salle, le saint fondateur, au risque d'attirer des représailles contre les écoles de cette région, rompt le silence par une déclaration solennelle. « Il me suffit, dit-il, que Celui qui est assis aujourd'hui sur la chaire de saint Pierre se soit déclaré par une Bulle acceptée par tous les évêques du monde, et ait condamné les cent et une propositions du livre du Père Quesnel; après une décision si authentique de l'Église, je dis avec saint Augustin que la cause est finie. »

Malgré cette respectueuse soumission à l'Église et le rare prestige de sa vertu, une épreuve suprême lui était réservée : l'archevêque de Rouen allait le poursuivre jusque sur son lit de douleur et lui retirer presque à son heure dernière ses pouvoirs de confesseur pour cause d'indignité. Le bienheureux Grignon de Montfort et à Rome même saint Philippe de Néri furent l'objet de rigueurs pareilles, comme si la Providence voulait par ces exemples rappeler aux hommes qu'en dehors des choses de la foi, les jugements ou les conseils les plus augustes demeurent toujours contingents et faillibles. Il est vrai que l'archevêque de Rouen n'était pas un personnage ordinaire. Saint-Simon en a buriné un portrait, dont on sent l'implacable ressemblance, mais qu'on ne saurait reproduire sans en adoucir les traits. En 1701, l'évêque de Chartres, P. Godet des Marais, « avait trouvé à Saint-Sulpice un gros et grand pied-plat, lourd, bête, ignorant, esprit de travers, mais très homme de bien, saint prêtre pour desservir, non pas une cure, mais une chapelle.... C'était un homme de bonne et ancienne noblesse d'Anjou qui s'appelait d'Aubigny. Ce nom le frappa encore plus : il le prit ou le voulut prendre comme parent de Mme de Maintenon qui était d'Aunis et s'appelait d'Aubigné ; il lui en parla et à ce pied-plat aussi, qui, tout bête qu'il fût, ne l'était pas assez pour ne sentir pas les avantages d'une telle parenté dont on lui faisait les avances... M. de Chartres, qui voulut décrasser son disciple, le prit avec lui, le fit son grand vicaire, et ce bon gros garçon, sans avoir pu rien apprendre en si bonne école que des choses extérieures, fut nommé évêque de Noyon, où sa bonté et sa piété le firent estimer, et ses travers et ses bêtises détester ».

Ce n'était pas assez d'en avoir fait un comte et pair de France; après la mort de M. de Colbert, on le bombarda archevêque de Rouen, avec des lettres patentes qui par une exceptionnelle faveur lui conservaient son titre et son rang de pair du royaume. Il eut justement en 1718 une affaire qui ne trouva son dénouement que dans le cabinet du régent. « La mort du roi, dit Saint-Simon, et la chute de l'autorité qui lui donnait celle de faire tout ce qu'il voulait, ne put le rendre plus traitable et ne fit que lui procurer du dégoût sans le corriger dans ses entreprises. Il en fit une très violente contre des curés fort estimés, qu'il poursuivit à son officialité, par laquelle il les fit interdire. Ils se pourvurent à la chambre des vacations du parlement de Rouen, qui cassa l'interdiction et les renvoya à leurs fonctions. Elle tança l'official et mit l'archevêque en furie. Il accourut à Paris pour faire casser l'arrêt et réprimander la chambre des vacations qui l'avait rendu[1]. » Avec l'aide de Pontchartrain qui

---

[1]. Si la physionomie de Monseigneur d'Aubigné a un relief singulier en raison du portrait qu'en a laissé Saint-Simon, il ne faudrait pas croire que ce prélat ait été une exception rare. On sait, au contraire, que les hommes les plus saints du siècle, Vincent de Paul comme M. Olier, eurent plus d'une fois comme J.-B. de la Salle à lutter contre le haut clergé mondain et courtisan. Pour s'en convaincre, il suffirait de relire, dans la collection des *Saints*, le *Saint Vincent de Paul* de M. Emmanuel de Broglie, notam-

ne développa au conseil de régence que les motifs de l'archevêque, il eût réussi à surprendre le vote; mais Saint-Simon demanda qu'on exposât également les motifs du parlement. L'intrigue s'effondra, l'affaire fut classée et l'interdiction oubliée. C'est au lendemain de cette « entreprise » que Mgr d'Aubigné en fit une autre contre M. de la Salle et les Frères, qu'il avait connus déjà à Chartres et qu'il n'avait jamais aimés.

Par un arrangement de 1706, il avait été convenu avec le curé de Saint-Sever que, pour ne pas priver les fidèles de salutaires exemples, les Frères conduiraient leurs enfants à la messe paroissiale et à divers offices. Mais, depuis lors, la maison de force avait été créée, et pour ses élèves l'exception s'imposait, car ceux-là étaient enfermés par décision judiciaire ou autorité paternelle, et il ne fallait ni s'exposer à des évasions, ni montrer au dehors des enfants dont le passage par l'éducation correctionnelle devait, dans leur intérêt, demeurer ignoré. Mais le curé de Saint-Sever ne voulut rien entendre, protesta et dénonça les Frères à l'officialité pour violation de la convention. M. de la Salle, tou-

---

ment le chapitre si instructif consacré à « Vincent de Paul au Conseil de conscience ». Composé du cardinal de Mazarin, du chancelier Séguier, des évêques de Beauvais et de Lisieux, et de M. Vincent, ce Conseil avait la charge d'éclairer la régente pour la collation des bénéfices; le serviteur de Dieu et des pauvres s'y fit une grande place par le courage humble et droit avec lequel il lutta pour atténuer les abus, et surtout pour faire choisir les titulaires d'évêchés parmi les prêtres dignes de ces charges par leur science, leurs vertus et la dignité de leur vie.

jours pressé de revendiquer les missions pénibles, se présente devant l'official croyant que ses humbles explications vont dissiper cet étrange malentendu. Il n'en est rien : à peine l'écoute-t-on ; brutalement il est accusé de fourberie, et, quelques jours après, une sentence de l'archevêque, pour cause de mensonge, lui retire le pouvoir de confesser. En vain un chanoine, Blain à coup sûr, intervient, multiplie les éclaircissements et les instances, mettant en regard l'inanité de l'accusation et la sainteté de l'accusé. Implacable, l'archevêque le charge de notifier lui-même la sentence. Il hésite, il retarde encore, car la mort est déjà au chevet et l'agonie imminente ; un autre alors est envoyé et accomplit sa mission auprès du moribond dont la résignation douce ne se laissa pas troubler à l'heure suprême par cet outrage immérité [1].

Depuis quelques mois, en effet, les attaques rhumatismales qui à tant de reprises lui avaient infligé de cruelles souffrances, étaient devenues plus aiguës, et ses forces affaiblies ne pouvaient plus supporter

---

1. Toute cette affaire a parfois été mise en doute, car le livre de Blain est le seul qui la mentionne. Mais l'auteur avait été mêlé aux faits qu'il raconte, il écrivait sous les yeux des supérieurs de Saint-Yon, quelques années seulement plus tard, alors que les témoins existaient autour de lui. Il est donc impossible de récuser son récit, qui d'ailleurs semble moins étrange quand on connaît le caractère de Mgr d'Aubigné. Si les archives du diocèse, encombrées de pièces relatives aux nombreuses interdictions prononcées alors par l'archevêque, ne conservent pas de traces de l'affaire de la Salle, c'est qu'il ne s'agissait que d'un retrait de pouvoir, qui ne donna lieu à aucune protestation et auquel la mort ne laissa qu'une bien éphémère durée.

les barbares traitements qui en atténuaient jadis l'acuité. A la fin de février 1719, survient une terrible crise d'asthme: il étouffe, et malgré les supplications des Frères il veut s'astreindre à toutes les austérités du carême : « La victime, dit-il, est près d'être immolée; il faut bien travailler à la purifier. » Deux accidents viennent coup sur coup aggraver son état : un jour, il tombe dans la cour des pensionnaires et se blesse profondément à la tête; une autre fois, il se heurte le front contre une porte, et la violence du coup amène un dangereux abcès. C'était la fin : le médecin qui connaît son pieux courage, ne lui cache rien. D'abord, par obéissance, le saint accepte encore les remèdes prescrits, mais bientôt, les sachant inutiles, il les repousse doucement et ne veut plus songer qu'aux espérances éternelles. Une amélioration inattendue et sans lendemain lui permet, à la fête de saint Joseph, de remonter pour une fois à l'autel. Ce fut la dernière : la faiblesse s'accrut subitement, le dénouement approchait.

Le lundi saint, il fait son testament, exhortant les Frères « à s'acquitter de leur emploi avec zèle et avec un grand désintéressement, et à avoir entre eux une union intime et une obéissance aveugle envers leurs supérieurs, qui est le fondement et le soutien de toute perfection dans une communauté. »

Le mardi saint, le curé de Saint-Sever vient le visiter, s'étonne de le trouver si calme et croit qu'il ignore l'approche de la mort : « Je sais, répond le malade ; je suis très soumis à la volonté de Dieu; mon sort est entre ses mains : que sa volonté soit faite. » Ému de tant de sérénité, le curé se hâte de terminer au moins le différend entre la paroisse et les Frères.

Le mercredi saint, il veut se lever, et revêtu de l'étole et du surplis, dans sa cellule parée, il reçoit à genoux le Viatique. Mais l'effort le laisse épuisé.

Le jeudi saint, le curé de Saint-Sever lui vient donner l'Extrême-Onction ; il converse avec les siens et donne aux uns et aux autres des conseils d'une pénétrante lucidité. Vers le soir, la parole s'embarrasse. Le Frère Barthélemy lui demande de bénir, au delà des membres présents, la communauté tout entière : « Que le Seigneur, dit-il, vous bénisse tous. » Et un peu plus tard, péniblement, d'une voix entrecoupée : « Si vous voulez vous conserver et mourir dans votre état, n'ayez jamais de commerce avec les gens du monde ; car, peu à peu, vous prendrez goût à leur manière d'agir, et vous entrerez si avant dans leurs conversations que vous ne pourrez plus vous défendre, par politique, d'applaudir à leurs discours, quoique très pernicieux ; ce qui sera cause que vous tomberez dans l'infidélité, et, n'étant plus fidèles à observer vos règles, vous vous dégoûterez de votre état et enfin vous l'abandonnerez. » L'agonie commença vers minuit. Une fois encore, il murmura : « J'adore en toute chose la conduite de Dieu à mon égard, » et un peu après quatre heures il expira, le vendredi saint, 7 août 1719.

A la nouvelle de la mort de M. de la Salle, la ville de Rouen fut en deuil : c'était de toutes parts un élan de douleur et de vénération. Ceux mêmes qui le persécutaient trois jours avant, s'écriaient : « C'était un saint ; le saint est mort ! » Les rangs se confondaient dans un universel regret, et la foule recueillie voulut défiler devant sa dépouille exposée dans l'oratoire de Saint-Yon. Le samedi saint, porté par les Frères, escorté de prêtres et de religieux, entouré d'un immense concours de peuple, le cercueil fut inhumé à Saint-Sever dans un « monument de pieuse gratitude, élevé à son très pieux paroissien par Louis du Jarrier-Bresnard, curé de cette paroisse ». Quand la chapelle de Saint-Yon sera terminée, en 1734, les Frères obtiendront d'y transporter le corps de leur fondateur, et le saint reposera en paix jusqu'au jour où la Révolution viendra profaner la tombe du bienfaiteur des pauvres, de l'éducateur du peuple. Les ossements toutefois ne furent pas jetés au vent. On les retrouva presque au complet en 1835, et depuis lors, dans la chapelle des Frères à Rouen, ils attendent la résurrection éternelle.

CONCLUSION

LE SAINT ET SON OEUVRE A TRAVERS LES TEMPS

(1719-1900)

Au lendemain de la mort du saint, « on s'empressa, dit Blain, de se partager ses dépouilles. La difficulté fut de contenter ceux qui en demandaient, car un crucifix, un *Nouveau Testament*, une *Imitation de Jésus-Christ*, un chapelet faisaient tous ses meubles et presque ses uniques richesses. On se jeta sur ses pauvres habits, dont chacun prit à sa dévotion quelques lambeaux pour reliques, quelques-uns coupèrent même de ses cheveux ». C'est que dans sa reconnaissance et sa vénération, le peuple, devançant la décision de l'Eglise, le considérait déjà comme un saint. Aussi son œuvre a-t-elle été toujours protégée par sa mémoire. Sa fragile dépouille dort dans le tombeau, mais son âme demeure vivante parmi ses disciples, son esprit et son cœur ne cessent de les aimer et de les diriger. Depuis deux siècles la vie de l'Institut ressemble en plus d'un point à ce que fut la vie de son fondateur. Ce sont les mêmes épreuves, rivalités, procès, confiscations, expulsions, calomnies. Comme lui, pauvres et humbles, les Frères en triomphent par la patience, la douceur et la fermeté, et docilement ils accomplissent les desseins de la Providence. Car « il ne paraît pas téméraire de dire qu'en suscitant au dix-septième sièle, c'est-à-dire dans un temps où le peuple était, il faut en convenir, peu de chose, un saint qui avait à cœur l'instruction du peuple, la prescience divine prévoyait l'importance que cette question de l'enseignement populaire prendrait au dix-neuvième[1] ».

Formé sous l'influence de la piété domestique et des fortes traditions de sa famille, de l'esprit de pauvreté et d'obéissance de la Compagnie de Saint-Sulpice, au milieu de ce dix-septième siècle si noblement chrétien, Jean-Baptiste de la Salle est doux et ferme, aimant la prière et la pauvreté, cherchant l'humilité et la mortification, se plaisant à la régularité, confiant avant tout dans la Providence. Il répond au silencieux appel de Dieu et, sans l'avoir prévu, peu à peu se donne à l'apostolat populaire. C'est pour les humbles vertus de son cœur, plus encore que pour les œuvres magnifiques de sa vie, que l'Eglise en a fait un saint.

Instruire les enfants pauvres, c'est se faire pauvre avec eux et c'est élever les jeunes âmes : plus la tâche est difficile, plus les ouvriers seront rares. Ce ne sont pas les intérêts du monde qui les guideront, c'est l'esprit de Dieu qui seul les façonnera. Le renoncement absolu dont il donne l'exemple sera

1. Comte d'Haussonville, Rapport à l'Assemblée générale de l'œuvre du Bienheureux de la Salle, 2 mars 1900.

donc la pierre fondamentale de l'œuvre de J.-B. de la Salle. A l'inverse des vaines créations du monde qui commencent avec de fastueuses richesses et un bruyant fracas, pour demeurer stériles ou devenir malfaisantes, parce que leur or n'attire que des convoitises sans dévouement, celle-ci, grâce à l'esprit de pauvreté, sera féconde et durable. A travers les persécutions et les souffrances, la misère et les larmes, elle sera comme la plus petite de toutes les graines qui devient un grand arbre, et c'est à ses fruits qu'on la jugera. Au moment de la première assemblée de l'Institut, c'étaient douze Frères, de vocation encore chancelante, et quelques écoles en Champagne, d'avenir incertain. En janvier 1900, l'Institut compte 14280 Frères ou novices en France et 5453 à l'étranger, ensemble près de 20000. Il dirige 2009 écoles, comprenant 8230 classes ; donne l'instruction à 350000 enfants et jeunes gens ; élève environ 8000 orphelins; réunit 32572 jeunes gens dans ses patronages et 21000 anciens élèves dans ses associations et mutualités ; reçoit 3000 jeunes gens dans ses maisons de famille ; et au total, exerce son action sur 400000 jeunes gens, dont 280000 en France et 120000 dans le reste du monde[1].

Assurément avant de réaliser cet épanouissement splendide, il a fallu passer par bien des épreuves. Après la mort du fondateur comme pendant sa vie,

---

1. Chiffres extraits du très intéressant rapport présenté par l'Institut à l'Exposition de 1900. Voir aussi la déposition si complète et si lumineuse du F. Justinus dans l'enquête s... ment secondaire présidée par M. Ribot.

c'est au milieu des pires traverses et au prix des plus dures souffrances qu'ont été obtenus, grâce à une divine compensation, les plus signalés progrès. Ils furent lents d'abord. Le frère Barthélemy qui ne vécut que six ans supérieur, s'attacha surtout, à l'heure décisive où disparaissait J.-B. de la Salle, à maintenir son esprit et ses traditions. Sous le Frère Timothée, l'Institut obtint les lettres-patentes qui lui donnent l'existence légale et le droit de posséder (1724), puis la bulle d'approbation de Benoît XIII qui confirme les règles en y ajoutant les trois vœux de religion (1725). Les pensionnats et l'enseignement professionnel ne cessaient de se développer comme les écoles populaires, toujours gratuites, malgré la pression fréquente de l'administration et le dénûment ordinaire des maîtres. Elu supérieur en 1777, le Frère Agathon gouverna vingt ans, revisant et complétant les directions et les règlements, conformément à l'esprit du fondateur dont il commença à préparer la béatification. A la fin du règne de Louis XVI, l'Institut comptait 121 communautés en France et 6 à l'étranger, environ 1000 Frères et 36 000 élèves. La crise révolutionnaire brise, emporte et disperse tout. Deux communautés seules survécurent, celle de Rome et celle d'Orvieto. En quelques années l'œuvre d'un siècle est anéantie.

Mais la Révolution française, irrésistible pour tout détruire, fut naturellement impuissante à rien créer, surtout dans l'intérêt des petits et des déshérités. Il lui fut aisé de confisquer les fondations libres au mépris de la volonté des morts, et de supprimer l'éducation populaire comme la charité hospitalière au détriment des humbles : elle ne put rien édifier sur leurs ruines [1].

Après le 9 thermidor, deux écoles pourtant s'étaient rouvertes, l'une au Gros-Caillou, à Paris, l'autre à Lyon. C'est de celle-ci que l'Institut allait renaître, après le décret de frimaire an XII qui rétablissait légalement les Frères. Il s'était bien produit des objections contre « des gens ayant fait des vœux » (ou comme on dirait aujourd'hui : « ayant renoncé à des droits qui ne sont pas dans le commerce »), mais l'empereur lui-même y avait répondu devant le Conseil d'Etat : « Je ne conçois pas, disait-il, l'espèce de fanatisme dont quelques personnes sont animées contre les Frères. C'est un véritable préjugé. Partout on demande leur rétablissement. Ce cri général démontre assez leur utilité ». Aussi en 1808, les Frères des écoles chrétiennes ont leur place reconnue dans l'Université. Mais tout était à refaire : le Frère Gerbaud, élu supérieur en 1810, avait 32 maisons et 160 Frères ! A sa mort, en 1822, le nombre des Frères dépas-

---

1. Dans un beau livre, *La Révolution et les pauvres*, qu'il faudrait souvent relire, car l'expérience du passé serait le meilleur des avertissements pour le présent, si celui-ci voulait en écouter, M. Léon Lallemand, correspondant de l'Institut, a retracé, d'après les pièces d'archives, la déplorable situation de tous les établissements hospitaliers à la fin de la période révolutionnaire. Suivant le mot si juste de Taine, il ne restait plus alors de quoi donner une tasse de bouillon à un malade. Avec une multitude de preuves irréfutables, l'auteur a montré, d'après le témoignage des contemporains, la part importante qui incombe dans ce grand désastre aux utopies des constituants et des conventionnels (in-8°, Alphonse Picard, 1899).

sait 600. Sous la Restauration, ce ne sont plus
des combats pour la vie, mais de grandes luttes,
non moins ardentes, non moins graves, pour la liberté et les méthodes. C'est, au début, l'exemption
du service militaire, accordée sous l'empire, renouvelée en 1818 ; puis, le brevet de capacité, délivré
d'abord sur le vu des lettres d'obédience (1819) et
obtenu ensuite par un examen (1831) ; enfin les
méthodes pédagogiques victorieusement affirmées
dans la querelle de l'enseignement mutuel et le
mouvement suscité par la loi de 1833 [1]. Quand au
milieu de ces difficultés le Frère Philippe prit le gouvernement en 1818, l'Institut comptait 324 établissements ; il en créa plus de 1000, surtout des écoles
populaires, et bientôt le nombre des Frères avec
les aspirants dépassa 11000. C'est que depuis 1850
la loi Falloux, que le Frère Philippe avait contribué
à préparer dans la commission extra-parlementaire,
vint détendre quelque peu la pression universitaire
et rendre une part de la liberté d'autrefois pour le
choix des méthodes et les programmes d'enseigne
ment. Toutefois, sous le second empire, des difficultés pénibles furent soulevées contre la gratuité ;
pour contraindre les Frères à exiger une rétribution
scolaire, l'administration fit même fermer des
écoles ; il fallut céder pour un temps. Mais ce fut

---

[1]. La plupart de ces questions sur lesquelles nous ne
saurions insister ici ont été traitées par M. Alfred des Cilleuls, dans son *Histoire de l'Enseignement primaire* déjà plusieurs fois citée ; et surtout par M. Alexis Chevalier dans
l'ouvrage capital intitulé : *Les Frères des écoles chrétiennes
et l'Enseignement primaire depuis la Révolution*, notamment,
livre III (1 vol. in-8°, Poussielgue, 1887).

avec l'essor de la richesse publique la période du grand développement des pensionnats, tels que celui de Passy, ou des établissements plus spécialement commerciaux ou professionnels [1]. L'Université qui d'abord les jalousa et les molesta fort, se décida ensuite à les imiter, et M. Rouland, M. Duruy surtout, prirent dans les pensionnats le modèle de l'enseignement secondaire spécial qui, de transformations en transformations, devait devenir l'enseignement moderne. Le progrès alors n'était pas moins sensible à l'étranger : sur les 276 maisons fondées au loin pendant cette période, 101 furent ouvertes en Amérique, grâce surtout à l'apostolat du Frère Facile aux États-Unis et au Canada [2]. Si les der-

---

[1]. Pour ne parler que de ces derniers, la simple énumération des principaux établissements actuels de formation professionnelle est des plus instructives : les Établissements Saint-Nicolas à Paris et à Igny; l'École professionnelle et d'arts et métiers de Reims; l'École de la Salle à Lyon; l'École professionnelle de Saint-Éloi d'Aix; les *Artigianelli* sous le patronage de Léon XIII (Rome); l'Orphelinat impérial et royal (Vienne); l'Asile de los Huerfanas (Madrid); l'*Industrial School* (Manchester), le *Catholic Protectory* (New-York); l'École des arts et métiers d'Alexandrie (Égypte); le Pensionnat professionnel de Nantes; les cours professionnels de Quimper, Brest, Lambézellec, Lorient, Vannes, Paimpol, Saint-Brieuc, Saint-Malo, Rennes; ceux de Douai, Lille, Saint-Omer, Saint-Étienne, Clermont, Saint-Chamond, Rive-de-Gier, Roanne, Nîmes, Alais, Grenoble, Marseille, Toulouse, Rodez, Cahors, Fourchambault, Commentry; les institutions agricoles de Vaujours (Oise), Limoux, Clermont, Limonest, Laurac, Carlsbourg, la *Santa Espina*.

2. Un exemple fera saisir le développement progressif des œuvres de J.-B. de la Salle dans le monde. Dans la seule ville de New-York, indépendamment du *Catholic Protectory* dont nous avons déjà parlé, vaste école de réforme qui

nières années du long gouvernement du Frère
Philippe virent déjà se préparer les luttes qu'eut
à soutenir après lui le Frère Irlide, le saint supérieur eut au moins avant de mourir la consolation
de voir Pie IX publier le décret sur l'héroïcité des
vertus du vénérable J.-B. de la Salle.

Alors commença une période de mauvais jours et
de persécutions sectaires, mais aussi de progrès éclatants, qui vinrent déjouer une à une les prévisions des
politiciens. Travaillant pour l'avenir, le Frère Irlide
s'occupa surtout des petits noviciats, comme son
successeur, le Frère Joseph, se dévoua aux œuvres
de persévérance : tous deux dirigèrent l'Institut
vers les destinées nouvelles que lui faisait la redoutable crise des laïcisations [1]. En les repoussant de

comprend en moyenne deux mille sept cents pensionnaires, les Frères possèdent ou dirigent (en mars 1900) : *Manhattan College*, *De la Salle-Institute*, *De la Salle-Academy*, *Sacred Heart Academy* ; puis les écoles dans dix-huit paroisses de la ville ou de sa banlieue immédiate. En outre, ils ont dans l'Etat, à Amawalk, le Collège normal de Saint-Joseph pour l'éducation des membres de la communauté.

1. La question de la gratuité a donné lieu à bien des discussions, d'abord parce qu'elle est complexe, ensuite parce que le mensonge des formules l'a fort obscurcie. L'éducation morale et intellectuelle des enfants est, comme leur nourriture et leur entretien, un devoir des parents, et il ne peut y avoir avantage à les en exonérer. Envisagé comme l'apprentissage des connaissances utiles pour l'exercice des diverses professions, l'enseignement scolaire ne doit pas plus être gratuit que l'apprentissage de ces professions elles-mêmes ; mais c'est un devoir pour les familles riches d'aider les familles pauvres ; c'est l'une des formes les plus fécondes de l'assistance par le travail, dans la mesure où les enfants, par la fréquentation de l'école, seront rendus plus aptes à gagner leur vie. Si l'on considère surtout l'enseignement du

l'enseignement officiel, en les chassant brusquement des maisons d'école et en les privant de tout subside, en excitant contre eux les passions et le mépris, en les astreignant au service militaire sans leur accorder les dispenses dont jouissent les instituteurs, on s'était flatté de décourager les Frères, d'arrêter leurs vocations et de disperser leurs élèves. Une seconde fois les jacobins crurent avoir ruiné l'œuvre de J.-B. de la Salle, et avec elle l'éducation chrétienne de l'enfance populaire. Les faits ont répondu : presque aussitôt après les destructions, le progrès est redevenu continu. De 1886 à 1897, le

Décalogue et de l'Evangile, sa large diffusion apparaît comme un devoir de la charité chrétienne, car il éveille la conscience, fait pratiquer le bien et prépare aux destinées éternelles. C'est pour répondre à ce double devoir que les écoles de charité ont été créées et que l'Institut des Frères s'est fondé pour leur donner des maîtres. Quant à la gratuité organisée par l'État, c'est une piperie de mots. Un service rétribué par l'impôt n'est pas gratuit : il est payé par tout le monde ; or s'il convient que le riche en cette matière paye largement pour le pauvre, il est inique que le pauvre, toujours atteint par le fisc, contribue aux frais de l'instruction du riche. En réalité les lois scolaires n'ont pas établi la « gratuité » de l'enseignement : elles en ont « socialisé » le service pour un but politique. C'est même la plus grande conquête que le parti socialiste ait faite depuis trente ans. « Jamais, depuis la Révolution, l'État, dit Taine, n'a si fort affirmé son omnipotence, ni poussé si loin ses empiètements et son intrusion dans le domaine propre de l'individu, jusqu'au centre même de la vie domestique ». Quand, en dépouillant les parents de leur autorité, on a ainsi livré à l'État la formation de l'esprit et de l'âme de la jeunesse, comment pourrait-on refuser de lui confier des intérêts en comparaison aussi secondaires que l'exploitation des chemins de fer ou la nationalisation de l'industrie ?

nombre des écoles libres congréganistes[1] s'est accru de 4375 ; le nombre des maîtres et maîtresses congréganistes a augmenté de 9766, et le nombre des élèves (écoles et classes maternelles) a monté de 570 664. Enfin le service militaire a fortifié les caractères sans supprimer les vocations, car le nombre des instituteurs congréganistes, titulaires de classes, qui était en 1889 de 9046, s'était accru en 1897 de 639, sans compter ceux qui étaient présents sous les drapeaux. Un pareil effort a imposé et impose chaque année aux catholiques un fardeau des plus lourds, mais ils le supportent parce que le sacrifice répond aux besoins et aux vœux des familles. Les statistiques officielles constatent, en effet, que depuis 1885 le nombre des élèves de l'enseignement de l'État, au lieu d'augmenter, diminue pendant que s'accroît la population des écoles libres. Le choix des familles, qui n'est pourtant que rarement possible, se porte donc vers les maîtres congréganistes, ce qui constitue le plus éloquent et

[1]. Si l'Institut des Frères fournit à lui seul la moitié des maîtres congréganistes, il serait injuste de ne pas mentionner, à côté de lui, un grand nombre de congrégations, telles que les Frères de Marie, les Frères de Ploermel, les Frères de Saint Gabriel, etc. ; elles ont eu leur part dans les labeurs et les persécutions, leur part aussi dans les mérites et les succès. Quelques-unes remontent au siècle dernier ; la plupart sont écloses sous la Restauration, du besoin de multiplier les écoles populaires auxquelles l'Institut ne pouvait suffire à donner des maîtres. Mais on peut dire que toutes se sont constituées sous l'influence de ses idées et dans le rayonnement de ses exemples. Au milieu de conditions diverses et sous des formes variées, elles ont été suscitées et dirigées par l'esprit, les méthodes, les règles de J.-B. de la Salle.

le plus sincère des plébiscites, tout à l'honneur des Frères des écoles chrétiennes et des Filles de la Charité. Ainsi, une fois encore, la persécution et la souffrance ont grandi l'œuvre de J.-B. de la Salle et plus largement étendu sa mission d'éducation populaire.

A la milice qui devra accomplir cette tâche d'obscur et incessant dévouement, J.-B. de la Salle a prescrit une règle qu'il a lentement élaborée par la pratique quotidienne et toujours défendue avec une douce fermeté. Elle a donné à ses fils, qui la gardent inviolable, l'unité d'action, la ferveur d'apostolat et surtout une admirable facilité à se modifier sans se perdre afin de s'adapter aux besoins nouveaux, à devancer, pour la guider, l'évolution de leur temps. « Vous êtes anciens, leur peut-on dire, et vous êtes modernes. Vous datez du temps de Louis XIV et vous êtes du nôtre. Vous avez précédé, dans la voie du progrès, ceux qui se considèrent comme les précurseurs et les hérauts du xx° siècle[1]. » Pédagogie transformée par le mode simultané, écoles normales, cours professionnels, industriels et agricoles, cours d'adultes, enseignement moderne ou spécial, œuvres de patronage et de jeunesse, écoles de réformes, maisons de famille, sociétés amicales et mutualités, ils ont ouvert les grandes routes et jalonné toutes les autres. Partout d'ailleurs les résultats ont mis en lumière la valeur de l'enseignement, attestée par les témoignages les plus compétents, par les succès les plus ré-

---

1. Brunetière, discours cité.

pétés[1]. Et, précurseurs éclairés, c'est aussi avec une rare sagacité qu'ils ont, depuis quinze ans, commencé à donner un enseignement social, bien avant les universités populaires et même les doctorats en sciences sociales. Avec le concours des Unions de la paix sociale, ces leçons ont débuté aux écoles d'Annonay et à l'Ecole professionnelle de la Salle, à Lyon, pour s'étendre peu à peu aux pensionnats de Lyon, de Saint-Étienne, de Bordeaux, de Roubaix, etc. Aux générations nouvelles qui n'ont plus, pour se guider, le respect de la coutume, les disciples de la Salle ont estimé qu'il est grand temps de faire entendre au moins les leçons de l'expérience. Les notions simples, les vérités essentielles

1. Nous ne rappellerons ici qu'un témoignage, celui de M. Buisson, qui fut longtemps directeur de l'enseignement primaire et qui, on le sait, a pris une grande part à la « laïcisation ». Dans son rapport sur l'Exposition de Vienne, il s'exprimait ainsi : « les Frères sont arrivés à élever le niveau de l'enseignement, à en régulariser la marche, à en faire profiter la masse et non plus seulement l'élite des élèves. » Et plus loin, il faisait honneur au Frère Alexis « d'avoir le premier osé faire pénétrer dans l'école populaire un ensemble de procédés rigoureusement scientifiques ». Quant aux succès, il suffit de mentionner avec le *Dictionnaire pédagogique* que : « dans une période de trente années, de 1848 à 1878, sur 1445 bourses, mises au concours pour les écoles primaires d'enseignement supérieur par la Ville de Paris, 1148 places (environ 80 pour 100) ont été données aux élèves des Frères. En 1878, année du dernier concours auquel ceux-ci ont pu prendre part, sur 339 concurrents déclarés admissibles, 242 appartenaient aux écoles de l'Institut, et sur les 50 premières places, les Frères en obtenaient 34 ». Depuis 1878 les élèves des Frères ne sont plus admis à concourir (Voir pour plus de détails le rapport déjà cité du Frère Justinus).

ne sont-elles pas parmi nous oubliées et méconnues ? Les âmes honnêtes, abandonnées sans direction, rebutées par l'égoïsme économique, ne risquent-elles pas de subir les entraînements chimériques de la sentimentalité ou même de s'égarer dans les utopies haineuses du socialisme? Alors il faut apprendre, par l'observation méthodique des faits, c'est-à-dire par les procédés scientifiques qu'exige l'esprit moderne, comment les peuples qui observent le Décalogue prospèrent ; ceux qui le violent, déclinent ; ceux qui le renient, disparaissent. Ce n'est pas introduire dans les programmes une science nouvelle : c'est défendre contre l'oubli les vérités fondamentales qui, n'étant plus transmises par la tradition, doivent être maintenues par l'enseignement.

Les fils de J.-B. de la Salle ne sont pas seulement des éducateurs dévoués et des maîtres habiles : ils font aussi aimer la patrie. — Chaque jour, dans les contrées lointaines, avec la connaissance de sa langue, ils propagent la lumière de sa foi et le rayonnement de son génie, « formant partout, disait à Alexandrie M. le vicomte de Vogüé, des légions d'honnêtes citoyens, de jeunes gens instruits et capables de répandre dans toutes les classes de la société les vrais principes qui font l'homme de tout pays, de toute langue, de toute nationalité. » — Aux heures sombres, ils ont montré comment on meurt pour la patrie en deuil sur les champs de bataille.

Quand l'illustre auteur de la loi de 1833, reconnaissant le haut mérite des Frères avait offert la croix de la Légion d'honneur au supérieur général, le Frère Anaclet, le fils de J.-B. de La Salle répondit simplement : « En consultant l'esprit des règles de notre saint fondateur, qui tendent toutes à nous inspirer le renoncement aux honneurs et aux distinctions, nous croyons devoir vous remercier humblement de l'offre si honorable que vous avez daigné nous faire, et vous prier d'agréer nos excuses et nos actions de grâce, en même temps que notre refus. » Mais trente-huit ans plus tard, au lendemain des désastres de l'invasion (1871), l'Académie française eut à disposer d'un prix exceptionnel qu'elle était priée, par la grande ville de Boston, de décerner à qui elle jugerait digne de cet honneur pour services rendus pendant le siège en présence de l'ennemi. L'Académie déféra au jugement de l'opinion en choisissant la corporation qui, pendant toute la durée de la guerre, avait jeté cinq cents infirmiers sur les champs de bataille, et dont un des membres, le frère Néthelme, était tombé sous les balles prussiennes au milieu des blessés du Bourget. Cette fois, le supérieur général ne fut pas consulté, et le premier corps littéraire du monde put attacher « la croix d'honneur au drapeau du régiment » des Frères des écoles chrétiennes (1).

Voués à l'éducation chrétienne du peuple, J.-B de la Salle et ses fils ont servi et servent la vraie démocratie, celle qui resserre les liens de la fraternité entre les hommes et facilite l'ascension des humbles vers la lumière. Déjà Benoît XIII, en approuvant solennellement l'Institut, déplorait « les

1. *Dictionnaire pédagogique*, article déjà cité de M. Eugène Rendu.

scandales qui naissent de l'ignorance, source de tous les maux, surtout parmi ceux qui, accablés de misère ou pratiquant, pour vivre, les travaux manuels, sont privés de toute science». Mais par quelle inspiration divine le fondateur de l'Institut a-t-il pressenti combien la diffusion plus large de l'instruction deviendrait de jour en jour plus nécessaire à mesure que les applications des sciences se multiplieraient, faisant moins étroite la part de l'intelligence de l'ouvrier ; à mesure qu'à un niveau moyen les écoles secondaires, rendues simples et pratiques, conviendraient à un plus grand nombre ; à mesure que l'accession progressive des masses à la vie politique exigerait impérieusement l'éducation de leur jugement ?

Il y a plus. Une profonde transformation économique et sociale marquera dans l'histoire le siècle de la houille et de la vapeur. Une production inouïe de richesses a été achetée au prix de souffrances que le passé n'avait point soupçonnées. Les populations, jadis agricoles, deviennent industrielles ; elles abandonnent leurs foyers ruraux pour s'entasser dans les taudis urbains, avec l'excitation de toutes les tentations et la facilité de tous les désordres. Les salaires montent, mais les prix s'élèvent et les besoins décuplent. Déracinée, la famille est détruite par la précarité des gains et l'instabilité du foyer. Un chômage, une maladie la réduisent au dénuement ; en aucun temps elle ne peut ni soigner ses malades, ni protéger ses orphelins, ni garder ses vieillards. Même quand elle subsiste, absorbée par l'intensité du travail, et dispersée entre divers ateliers, elle ne peut remplir sa mission providentielle en réprimant chez ses enfants le vice originel et en les dressant au respect de la loi morale. Nulle part, ces souffrances imméritées, rançon des progrès dont nous sommes si fiers, n'ont été plus aiguës et plus dangereuses qu'en France, car chez nous les sophismes du dix-huitième siècle ont presque anéanti la tradition et la foi. Contraire à l'expérience universelle, la croyance à la perfection originelle, qui caresse agréablement l'orgueil humain, fait regarder comme inutiles ou même nuisibles et les contraintes de l'autorité et la discipline de l'éducation. Elle entrave ainsi le rôle nécessaire de la famille et fait de l'arrivée des jeunes générations une invasion de barbares que rien ne plie de bonne heure à la civilisation et qui exigeront plus tard une évangélisation plus difficile que celle des sauvages. Elle ne tolère dans les rapports des hommes que le libre jeu des instincts et des intérêts, et substitue à l'austérité du devoir la séduction de la jouissance. S'inspirant des mêmes sophismes l'économie politique a longtemps prêché le commode abandon des obligations sociales et recommandé l'unique souci des profits matériels. La Révolution de 1789 et ceux qui, depuis cent ans, en professent les erreurs, ont ainsi déchaîné l'égoïsme sous les euphémismes honnêtes de liberté et d'individualisme ; et ils ont provoqué une poussée de passions socialistes qui les débordent. On commence par les chimères de la liberté et l'harmonie par la concurrence ; on continue par les utopies de la science et le combat pour la vie ; on meurt de la haine des classes dans le déchaînement de l'anarchie internationale. C'est ainsi que cent ans d'erreurs et de révolutions, en ruinant la foi et la famille, ont rendu particulièrement redoutables, en France, les transformations du régime du travail.

Dociles instruments de la Providence, Vincent de Paul et Jean-Baptiste de la Salle ont eu le pressentiment confus des besoins de l'avenir prochain, et ils ont à l'avance préparé leurs milices pour soulager ces maux inconnus du passé. Il fallait, pour les atténuer, suppléer la famille défaillante auprès de ces délaissés dont elle ne peut plus abriter et consoler les douleurs à son foyer désorganisé, auprès de ces enfants qu'elle ne peut plus dresser au respect du Décalogue par la correction et l'éducation. Qui donc le saurait faire mieux que les Sœurs de charité et les Frères des écoles chrétiennes ? Filles de Saint Vincent de Paul et fils de Saint Jean-Baptiste de la Salle, tous ont été poussés à cette mission par la main de Dieu : pauvres, ils soulagent les humbles ; doux, ils sèchent les pleurs des vieillards et font sourire les orphelins ; croyants, ils relèvent les âmes par les espérances éternelles.

Comme la terre féconde élabore, dans la germination mystérieuse de l'hiver, la floraison du printemps et la moisson de l'été, eux aussi, dans l'obscur accomplissement de leur tâche journalière, travaillent pour l'avenir inconnu. Ils refont, sur des couches plus larges et plus fermes, les fondations de l'édifice social dont les assises supérieures ont été rongées par le temps. Les générations chrétiennes qu'ils élèvent restaureront des foyers stables et des familles fortes pour la gloire de Dieu et le salut de la patrie française. Et dans les âges futurs, nos neveux, comme nous, béniront l'œuvre sainte de Jean-Baptiste de la Salle.

Quelque grand que soit devenu l'arbre planté par le pieux chanoine de Reims, quelque excellents que soient les fruits que ses fils font mûrir chaque jour, ce n'est pourtant ni l'habileté, ni les succès qui font les saints. Si le Pontife suprême, interprète de l'Eglise universelle, a placé Jean-Baptiste de la Salle sur les autels, c'est pour ses vertus admirables de renoncement et de foi, de patience et d'humilité, c'est pour sa confiance inébranlable en la Providence et son abandon docile à la volonté de Dieu. A ces titres, il a pris rang parmi les intercesseurs que, dans la communion des âmes, l'Église militante peut invoquer près du Tout-Puissant.

Introduite par le Frère Agathon, interrompue par la Révolution, la cause de la canonisation fut reprise en 1835. Après les enquêtes faites à Reims, à Paris et à Rouen, J.-B. de la Salle fut, en 1840, déclaré vénérable. Alors commença « l'Information apostolique » sur les vertus et les miracles. Avec la scrupuleuse impartialité et la rigueur minutieuse de ces procédures romaines, tout fut examiné et discuté : l'orthodoxie des écrits, l'héroïcité des vertus, enfin les faits miraculeux qui apparaissent comme la confirmation divine des jugements humains. En 1888, le titre auguste de Bienheureux fut décerné au fondateur de l'Institut, et après douze ans encore de prières instantes et de grâces miraculeuses, d'enquêtes patientes et de rigoureux contrôles, le 24 mai 1900, le pape Léon XIII l'a solennellement admis au culte que l'Eglise accorde aux plus saints de ses enfants.

Celui qui avait tout quitté, les honneurs de ses charges, la richesse de son patrimoine et jusqu'au foyer de sa famille, pour se donner humble et pauvre à l'éducation du peuple, malgré les épreuves et la persécution, a reçu ainsi la glorieuse couronne. La vie de Saint Jean-Baptiste de la Salle et son œuvre continuée à travers les temps par les fils qui gardent ses exemples et imitent ses vertus, rendent ainsi vivantes parmi les hommes les paroles du livre sacré : « Si quelqu'un laisse son père, sa mère, ses frères, ses sœurs.., et tout ce qu'il possède pour me suivre, il recevra, dès ce monde, le centuple, et par surcroît, la vie éternelle ».

FIN